脱グローバル化が日本経済を大復活させる

三橋貴明
Mitsuhashi Takaaki

青春出版社

はじめに

現在の世界は、新古典派経済学に基づく「グローバリズム」と、実践主義的ないわゆる「ケインズ的経済政策」が、民主主義を通して「戦争」を繰り広げている。

ここでいう〝民主主義〟とは、ずばり「選挙」だ。

ことの始まりは、2012年5月のフランス大統領選挙だった。

典型的なグローバリズム的システムである「共通通貨ユーロ」の路線を邁進するサルコジ大統領に、反グローバリズムの旗を掲げたフランソア・オランドが挑み、勝利した。

さらに9月のオランダ総選挙では、グローバリズム的「緊縮財政路線」を掲げる自由民主党が勝利したものの、反グローバリズム路線の労働党に2議席差まで詰められた。

オランド新大統領にしても、オランダ労働党にしても、別に極端な政策を訴えていたわけではない。単に「国民経済の成長を重視すべき」と主張していただけなのである。

それに対し、サルコジ前大統領やオランダ自由民主党は、ユーロ・グローバリズムの維持や、新古典派経済学の教義である財政均衡主義に固執した。

だが現実として、グローバリズムによってユーロ各国の国民が「貧しく」なっていっている。はたしてこのままの路線でいいのか、と国民が疑問を感じるのも当然だろう。

そして11月6日、アメリカで大統領選挙が実施され、新古典派経済学に基づく財政均衡主義を主張していたミット・ロムニー元マサチューセッツ州知事が、経済成長を重視する政策を訴えた現職のオバマ大統領に敗れた。

アメリカの元財務長官で、現在はハーバード大学で教鞭をとっているローレンス・サマーズ教授は、両陣営の衝突について「オーソドックスな見解」と「需要サポート見解」の争いと表現していた。

まさに、新古典派経済学はオーソドックス（正統な）経済学として、世界各国の経済政策に多大な影響を与えていた。なかでも世界に弊害を与えたと思えるのが、言うまでもなく「グローバリズム」である。

グローバリズムとは、結局のところ、国家より市場を重視する新古典派のロジックを世界的に展開するための方便だった。１９９１年末のソ連崩壊以降、世界はグローバリズムの名のもとで、少しずつ変容されていった。

モノやサービスの輸出入が自由化され、資本移動の自由が拡大し、さらに人間（労働者）の国境を越えた動きにも制限がなくなっていく。１９９９年には、域内で究極のグローバリズムを実現した共通通貨ユーロが始まる。２００１年のＩＴバブル崩壊以降は、アメリカのサブプライムローンを含む住宅ローンが証券化され、世界中に転売されていった。そして、07年にアメリカの不動産バブルが崩壊を始め、翌08年9月15日にはリーマンショックが発生。92年に始まったグローバリズムの終わりを告げる角笛の音が、世界に鳴り響くこととなった。


実のところ、国内の「識者」たちが「グローバル！　グローバル！」と騒ぎ立てていた割に、日本国は一向にグローバル化しなかった。理由は複数あるが、なかでもデフレの深刻化で、「日本に投資しても儲からない」という環境が続いていたことが大きい。

グローバリズムを大ざっぱに説明すると、世界を股にかけた金融資本が「儲かる国」を目指して投資を雪崩れ込ませ、相手国から「配当金」「金利収入」などの所得を吸い上げるための仕組みだ。

日本はデフレが深刻化していたおかげで、かえってグローバリズムの影響をそれほど受けていない。サブプライムローンを含む証券化商品暴落についても、被害を被ったのは一部の金融機関だけだった。

だが日本がリーマンショックの影響を受けなかったかといえば、もちろんそんなことはない。世界中の金融機関が莫大な評価損を計上した結果、各国で金融不安が深刻化し、「蚊帳の外」だった日本に資金が流入した。

結果的に引き起こされた円高で株式市場が大暴落するという、他国とは異なる形で混乱が発生したのだ。

グローバリズムの最大の問題は、一国の危機（バブル崩壊や財政破綻など）が資本的関係を通じて他国に伝播し、問題がまたたく間に世界中に拡散してしまう点である。

１９９０年の日本のバブル崩壊は、世界にほとんど影響を与えなかった（唯一、日本のみがデフレに陥ってしまった）。それに対し、07年以降のアメリカのバブル崩壊は、まさしく世界的な経済危機を引き起こしてしまったわけだ。

90年の日本と07年のアメリカ。同じバブル崩壊でありながら、なぜここまで世界に与える影響が違うのか。無論、「グローバリズムの進展度」がその要因である。

90年の世界では資本移動に制限がかけられ、各国の資本的な関係はそれほど強くなかった。それに対し、07年時点では世界中が資本的に結びつけられ、一国の破綻が他国へ伝播する構造に転換していたのだ。

そもそも、**国民経済の目的は「国民の所得」を増やすこと**にある。

ところが、グローバリズムは国境を取り払い、「グローバルな誰かの所得」を最大化することを目指す。「グローバルな誰か」が自国民であればともかく、現実には異なるケースが少なくない。グローバリズムのもとでは、各国の国民は「グローバルな誰か」の所得を最大化するために労働することになる。

結果的に、世界はむしろ分断されていく。なにしろ、「グローバルな誰か」が自国民だったとしても、国内の所得格差が拡大し、社会が階層化していくのである。ましてや、「グローバルな誰か」が外国人だった日には……。

この「外国人」と「国民」の区別をなくすことが、そもそものグローバリズム的発想の根っこにあるわけだが、現実的にそれは不可能だ。**人間は結局のところ「国家の国民」としてしか生きられず、「グローバル市民」にはなれない。**

92年以降、一部のグローバル投資家たちが各国政府と結びついて強引にグローバリズムを推進した結果、各国国民の「民主主義による反撃」が始まっているというのが現在の世界である。

新古典派経済学的な政策ではなく、普通のデフレ対策を実施し、いち早く「内需主導型」の成長路線に回帰する。世界に先駆けて脱グローバル化をはたし、健全な「国民経済の成長」を実現する。

これこそが、まさに現在の日本に求められている「王道」であり、歴史にはたす役割でもあるのだ。

〝脱グローバル化〟が日本経済を大復活させる――目次

第1章　グローバル化が世界に失業と貧困をもたらす仕組み

第2章　壮大な失敗に終わった、ユーロという〝究極のグローバル化〟

第3章 「所得の増大」こそ日本に本当の豊かさをもたらす

第4章　日本経済を大復活に導く〝お金の好循環〟

第5章 脱グローバル化で所得と雇用を取り戻す！

おわりに

編集協力　佐口賢作
カバー・本文デザイン　フロッグキングスタジオ
本文ＤＴＰ　センターメディア

第1章　グローバル化が世界に失業と貧困をもたらす仕組み

現在は〝第二次グローバリズム期〟

現在、グローバリズムが引き起こしたユーロ危機は収まる気配を見せず、なおも世界を不安定にしている。

では、このグローバリズムとはそもそもどんなものなのだろうか。根底には、以下の三つの国境を越えた動きを「完全に自由化する」というコンセプトがある。

（1）モノ（製品）やサービスの輸出入
（2）資本の移動（直接投資の自由化、証券投資の自由化）
（3）労働者の移動

ユーロ圏内では、まさにこの三つがほとんど自由化されてしまっている。

関税の撤廃でモノの輸出入を完全自由化し、マーストリヒト条約により非関税障壁の多くも撤廃された。さらに、資本移動は直接投資、証券投資に限らず規制がなく、シェンゲン協定により人の移動にも制限がかけられていない。

要するに、生産の三要素である「モノ」「カネ」「ヒト」の三つが、国境を越えて自由自在に動き回ることを認めよう、というのがグローバリズムなのである。

国境で可能な限り制限を設けず、モノ、カネ、ヒトが猛スピードで動き回れば動き回るほど経済は発展するという考え方なのだが、**この種のグローバリズムが世界で大々的に展開されるのは、実は二度目だ。**

最初は、第一次世界大戦から大恐慌までの「第一次グローバリズム」の期間である。当時の日米欧の先進主要国は、金本位制に基づくグローバリズムを大々的に推進した。

第一次世界大戦の反省もあり、

「主要国の経済的な結びつきが強くなれば、もはや戦争は起きえない」

という、どこかで聞いたようなアイデアに基づき、各国は特に「資本移動の自由」を全面的に推し進めたのだ。

また、モノの貿易も拡大し、当時の日本の輸出依存度は現在の二倍ほどに達していた。結果、たしかに諸外国の経済的な結びつきは強まったが、別に戦争抑制には役に立たなかった。1929年のNY株式大暴落、世界大恐慌を経て、主要国は最終的には第二次世界大戦に突っ込んでいったのである。

各国の規制や法律をも変えてしまう

現在も同じだが、特に「国境を越えた資本移動の自由」を認めてしまうことは、若年層失業率の高まりや格差拡大をもたらし、国民経済を危うくしてしまう。

資本移動の自由とは、要するに、

「企業は最も儲かる国に工場を移してしまえばいいよ」

という発想なのだ。

グローバルスタンダードや製品のモジュール化により、企業は世界のどの国であっても、品質をあまり変えずに生産することが可能になった。「どの国で生産しても同じ」である以上、当たり前の話として、経営者はコストがより安くなる地域に工場を建設しようとする。ここで言うコストとは、もちろん人件費を意味している。

しかも、直接投資のみならず、証券投資の自由化も認められてしまっているため、各企業の株主がその国の「国民」であるとは限らないわけだ。日本国民が株式を持つ日本企業であれば、ある程度は「日本国」を意識した経営をせざるをえない。

ところが、「外国人が株式を持つ日本企業」の場合はどうか。オーナーが外国人である以上、たとえ経営者が日本人の日本企業であったとしても、

「日本の国益を考えて行動してほしい」

と言われたところで、現実には無理である。

というわけで、直接投資、証券投資といった**資本移動の自由化が実現されたグローバリズムの世界では、「国民経済」と「企業経営」の間に乖離が発生してしまう**。本来、国内の需要を満たすと同時に所得拡大に貢献し、国民を豊かにすることが存在意義であったはずの企業が、「別の存在」に徐々につくり替えられていくのである。

◎証券投資の自由化により、株主の過半数が外国人投資家である
◎直接投資の自由化により、企業はどの国に工場を建設してもよい

この二つの条件が満たされたとき、グローバリズムは「国民の所得を増やす」という国民経済の目的と完全に対立することになる。

厳密には、グローバリズムの下でも「国民の所得を増やす」という企業の目的自体は変わらない。ただし、残念なことに、ここでいう「国民」とは「グローバルな『どこかの国』の国民である投資家」であって、企業の出身国の国民を意味してはいない。

しかも、厄介なことに、グローバリズムが浸透した国では企業経営者や投資家が政治と強く結びつく。グローバルすなわち「国家を超えた世界」の企業に脱皮したはずの企業が、**なぜか「国家」の政治、あるいは政治家との関係を深めてしまう**のだ。

理由は簡単で、国家の政治を動かさない限り、グローバリズム推進に必要な各種の制度改革、法律改正が実現できないためだ。

TPPは典型的なグローバリズム推進策

グローバリズムに国家を乗っとられた典型が、まさしくユーロだ。モノ、カネ、ヒトの自由化が実現され、各国の中央銀行の機能をＥＣＢ（欧州中央銀行）に移譲することで通貨統合を達成したユーロは、加盟国がマーストリヒト条約をはじめとした各種の国際条約を批准することで成立した。

国際条約は国内法の上に立つ。ユーロ加盟のための国際条約を批准した加盟国は、その後、自国の国内法を条約に合わせて変えていかなければならない。

まずは国際条約を締結し、その上で各国が国際条約に合わせて国内法を変えていく。結果的に、域内でグローバリズムをほぼ完全に実現した共通通貨ユーロのシステムができ上がっていったわけである。

現在のユーロの仕組みは完全に国家を超越している。ユーロのように、国家を超越したグローバリズムに基づくシステムを作るには、各国の法律を変えなければならない。というわけで、グローバリズムを進展したい企業や経営者、それに「グローバル投資家」たちが、各国の政治家と結びついて法律を変えさせようとしてくるわけである。

日本で言えば、ＴＰＰ（環太平洋経済連携協定）が典型だ。

ＴＰＰの話が進むにつれ、経団連会長など経済団体のトップたちが、

「政府はＴＰＰをさっさと推進しろ！」

と、日本政府の尻を叩く発言をすることが増えてきた。

ＴＰＰとは、先の三つのうち「モノ（製品）やサービスの輸出入」と「資本の移動の自由化」をメインとするグローバリズム推進協定である（ヒトの移動は専門職に限られる）。特に日本に影響しそうなのは、各種サービスの自由化である。

医療サービス、保険サービス、建設サービス、法務サービスなど、サービスとは基本的にはその国の文化、歴史、伝統、ライフスタイルなどに基づいてつくられた各種の法律（グローバリストは「規制」と呼ぶ）にのっとりビジネスが行われている。

この種のサービスに関しても「法律を統合」しようとする力が働き、たとえばアメリカの医療保険会社などは、日本市場でビジネスが展開しやすくなるよう不要な規制の撤廃を目指すだろう。これが、ＴＰＰのコンセプトである。

こうしたＴＰＰの問題点については過去の著作でも繰り返し喚起してきたが、この種の国際協定を声高に推進しているのが「企業経営者」であることに注目してほしい。

そもそも、有権者としては我々と同じ一票しか持たない企業経営者が、なぜ政府に対し、「ＴＰＰに参加しなければ、日本は世界から孤立する！」

「バスに乗り遅れるな！　ＴＰＰに参加しなければ日本の経済成長はない！」

などと、事実上の政治的圧力をかけることが許されるのだろうか。

経営者たちが自らの政治的立場を明らかにし、政治活動の一環としてＴＰＰを推進するというのならまだ理解できる。しかし彼らは政治的に中立を装い、あくまで「経済的な問題」としてＴＰＰのような政治的問題を扱おうとする。極めて汚いやり方だ。

「国民所得」と「雇用」のジレンマ

同じ話は、法人税問題についても言える。

グローバリズムの世界では、資本移動の自由が解禁されている。というより、企業が自由に資本を移動させることができるからこそ、グローバリズムが成立しているわけだ。

企業が国境を越えて好きな国や地域に工場を建設できる以上、各国は法人税を引き下げ、自国の「魅力」を引き上げようとする。人件費の安さに加え、法人税も低いとなると、これはもう各国のグローバル企業がその国に資本を移動させない理由が見当たらない。

とはいえ、**法人税を引き下げるということは、その分だけ政府が「損」をするという話**

になる。政府の「損」とは、つまりは国民の損失だ。

政府は法人税減税で損をした分、社会保障支出などを削減するか、「消費税」など別の財源を確保しなければならない。いずれにせよ、国民の所得を減らすという点では同じだ。

国民の所得が減らされた分、企業は法人税減税により最終所得（純利益）を拡大できる。拡大した純利益から、企業の株主たちにより多額の配当金が支払われる。すなわち、所得が再分配される。

無論、企業の株主は自国民に限らない。外国人株主であろうとも、企業の「所得」は配当金として平等に分配される。

まさに、お隣の韓国が完璧にこの「グローバリズムの罠」にはまっており、国民の損に基づく「外国人株主の所得拡大」のための施策が次々に打たれている。

日本においても、経団連会長が典型だが、法人税減税といった政策をめぐり、「日本の法人税は高すぎる。このままでは、我が社は他国に拠点を移さざるをえない」などという発言をよく耳にする。政府が「国民の損」に基づく法人税減税に応じなければ、工場を他国に移してしまうと「脅し」をかけてくるわけだ。

実際に企業が工場を他国に移転してしまうと、国内から雇用が失われる。すなわち、国民が所得を稼ぐ場がまた一つ、消えてしまうことになる。

政府は、

「国民の損と引き換えに、法人税の減税を認めるか？」

「国民の損（法人税減税）を拒否し、国内の雇用の場を失うか？」

という選択を迫られることになる。

政府が国民の雇用を選択すると、法人税減免により企業の純利益が最大化され、グローバル投資家を含む株主たちが儲かる。すなわち、より多額の所得を配当金として分配してもらえることになるのだ。

先進国の国民ほどグローバリズムの悪影響を受ける

こうした動きは日本や韓国のみならず、今や主要国の多くで問題視されている。たとえば、フランスのルモンド紙は２００９年３月の時点で、以下の論説を国際総合オピニオン紙「ルモンド・ディプロマティーク」に掲載している。

保護主義というタブー　ジャック・サピール（Jacques Sapir社会科学高等研究院 研究部長、産業様式研究センター所長

（前略）自由貿易は二重に不況を導く効果を持つ。一つは賃金に対する直接の効果である。もう一つは、自由貿易によって起こりうる減税競争を介した間接的な効果である。ある国のメーカーが、コストの切り下げ競争と社会保障の切り詰め競争に直接的にさらされたとすると、政府は雇用を守るために、国内の利益水準を確保しようとして（工場の国外移転を回避するための必要条件として）、社会保険料の企業負担分を賃金労働者に転嫁する。つまり、賃金が圧迫され、税の公平性は薄れ、間接賃金である社会保障給付は減額される。それは大半の世帯の収入に重くのしかかる。金融所得に期待できない御時世ゆえ、従来の消費水準を維持するには借金するしかなくなってしまう。（後略）

グローバリズムあるいは自由貿易は、
「企業がグローバル市場で勝ち抜くために、自国民の人件費を削らざるをえない」

「政府が企業を自国に残すために、減税や社会保険料削減を実施せざるをえない」

という二つの点から、国民所得にダメージを与えるという話である。

特に賃金水準が高く、人件費への引き下げ圧力が強い先進主要国は、グローバリズムや自由貿易を推進することの「意味」について、改めて考え直すべきだろう。

なぜなら、**グローバリズムが究極の段階にまで進むと、賃金水準は「世界で最も人件費が安い国」の水準に収斂していかざるをえない**ためだ。いわゆる「底辺への競争」だが、国民所得の引き下げを甘受してまでグローバリズムを推進しなければならない理由が、筆者にはさっぱり思いつかない。

本質的に間違っていると思えるのは、法人税減税とはそもそも「グローバルに企業を呼び込む」ための政策でもなければ、株主への配当金を膨らませる政策でもないことだ。法人税減税とは、企業の純利益を最大化することで「投資」を拡大してもらうための政策なのである。企業が投資を拡大してくれれば国内に雇用が生まれる。すなわち、国民が働き、所得を稼ぐ機会が増える。そのためにこそ、法人税減税は実施されるべきなのだ。

この方法で法人税を減税しつつ雇用を拡大できる

ところが、現実の法人税減税政策は、二つの面で「政策の原則」を踏み外している。一つ目は、先述したように、そもそもの目的が「企業の投資を増やすこと」ではなく、外国人を含めた「株主への配当金を増やすこと」にすり替えられてしまっている点だ。

二つ目は、法人税減税で企業の投資余力が高まったとしても、設備投資が「国内」で実施されるとは限らない、という点である。

日本における民間企業の設備投資と日本の対外直接投資とを比べてみよう。

次ページの図の通り、日本の民間企業の設備投資が横ばい、もしくはマイナスで推移する中、対外直接投資は2008年まで増え続け、その後も高止まりしている。**日本企業は国内ではなく、海外における投資を増やしているの**だ。

資本移動の自由が認められている以上、法律上の問題があるわけではない。だが、少なくとも日本国民の雇用拡大にほとんど貢献していないことは明らかだ。

しかも日本のデフレや国民の購買力縮小、円高傾向が続く限り、法人税を引き下げたと

日本の民間企業設備と対外直接投資の推移

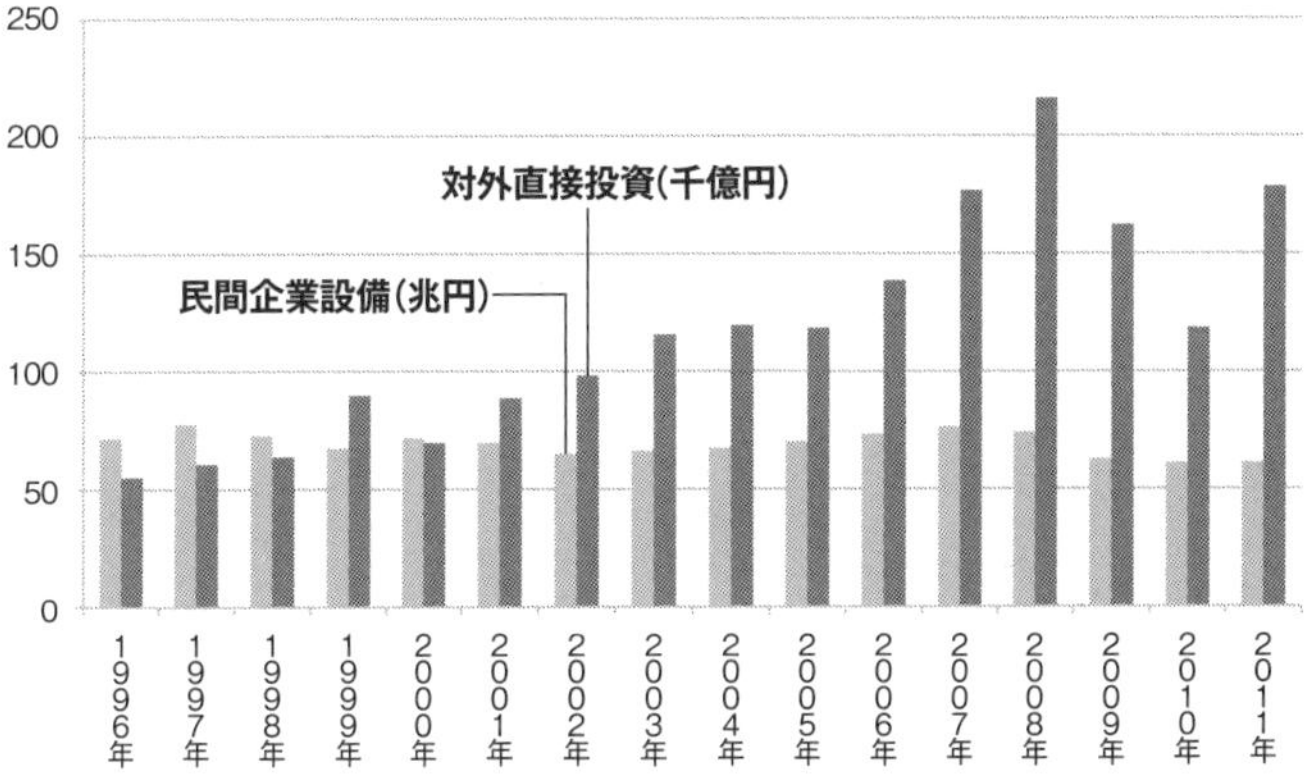

出典：内閣府、財務省

ころで国内の投資は増えない。株主への配当金が膨らむか、もしくは対外直接投資が増えるだけである。

たとえば、日本の法人税減税路線が「投資減税中心」であるなら、まだ話は理解できる。企業が国内に設備投資をした際にのみ、法人税を減税するのだ。

この場合、企業が法人税減税で「得」をすると同時に、国民側も雇用拡大で「得」をすることになり、ウィン－ウィンの関係が成り立つ。残念ながら、株主の配当金拡大という「得」はなくなってしまうが、だからといってこれで文句があるようなら、

「法人税減税は国内の投資拡大ではなく、株

主への配当金拡大が目的」

という意図があからさまになってしまうわけだ。

こうした事情を考慮してか、現在の日本の法人税議論では、「グローバル化への対応」や「競争力強化」という抽象論ばかりが横行している。だが、法人税を議論したいのであれば、本来の目的に沿い、投資減税に限定するべきだろう。

「金融のグローバリズム」が日本を飲み込む前に

ルモンド紙の「ルモンド・ディプロマティーク」2010年5月号には、「金融」のグローバリズムに関する興味深い論説が掲載されていた。

ギリシア危機から脱グローバル化へ　フレデリック・ロルドン（Frederic Lordon）経済学者

ギリシア危機を機として、大量の論評が溢れかえっている。しかし、ニセの論争という不変の論理によって、二種類の問題が截然と区別されている。提起されるのは無害な問題だけであり、処置に困る問題は提起されない。なかでも、政府債務の資金調達の方式について問題提起されることはない。

ＥＵの諸条約は、この問題はカタがついているという構えを取る。政府債務の資金調達は、資本市場において国際投資家の監督下で行うべきであり、それ以外の方法は受けつけないという姿勢だ。

しかしながら、債券市場に資金調達を頼ったせいでギリシアが被った損害を見れば、もっと被害の少ない解答を探したくもなる。たとえば、造幣による赤字補填なども考えられる。

現状はまた、日本という特異なケースについても考えさせる。同じように巨額の債務を抱えつつ、繰り返される債務危機の報道に出てこない国だ。ギリシアの債務が大きく問題化しているが、その残高（２７００億ユーロ、対ＧＤＰ比は２００９年現在１１３％、２０１０年予測１３０％）は日本に比べればはるかに少ない。

日本の政府債務はといえば、２０１０年には対ＧＤＰ比２００％に達する見込みであり、経済協力開発機構（ＯＥＣＤ）加盟国の中ではダントツだ。

世界最大の政府債務を抱え、しかも償還の見込みが（対ＧＤＰ比という簡便な尺度で見る限り）最低レベルに落ち込んでいる国について、国際投資家がこれほど無関心なのは一体どういうことか。

答えは単純このうえない。国際投資家は日本国債を購入していないからだ。日本国債の95％以上は国内貯蓄によって消化されている。日本は米国とまったく逆に貯蓄率が高く、政府の資金需要に対し、さらには企業の資金需要に対しても十分に応えることができる。

政府債務への資金提供が市場に求められることはなく、市場なしでうまくやっている。したがって、市場がその理不尽な規範に日本の経済政策を従属させることはできない。その種の干渉を行うには、国債という手段が必要だからだ。保有なくして介入なし、ということだ。（後略）

フランスのオランド大統領は、２０１１年の大統領選挙戦の最中に、「戦いが始まるに際し、我々の真の敵は誰か、お話ししたい。我々の敵には、名前がなく、顔もなく、政党に属してもいません。立候補も、選挙の洗礼も受けたことがありません。それでも我々を支配しています。その敵とは、金融界です」と言ってのけたわけだが、要するにそういうことだ。グローバリズムを望む人々が何者か、その答えははっきり示されている。

国債を国際金融市場で流通させることの危険

政府発行の債券、すなわち国債について、「国際金融市場でグローバル投資家に購入してもらった方が、政府に対する国際的な監視の目が行き届き、放漫財政などを防げる」といった、何となくもっともらしいことが言われる。だが、これこそ実際は欺瞞に満ちた「常識」であり、おそらくはグローバリズムの最大の弊害になる。

その最大の犠牲者が、ユーロ諸国である。

先ほどTPPを引き合いに出し、企業経営者が政治に口出しする問題について取り上げた。とはいえ、先の例は「自国の経営者が、自国の政治に口をはさむ」という話である分だけ、まだ「マシ」なのだ。

「経団連会長が経済的な立場を使って、政治的な圧力をかけるな!」

と言いたくなるものの、有権者の一人として政治に口を出して何が悪い、などと強弁できないこともない。

それに対し、先に紹介したルモンドの記事にあるケースは、国債保有を利用し「外国人が自国の政治に口を出す」という話なのである。すなわち、主権侵害だ。

そもそも根本的な話から理解できないのだが、国際金融市場に国債を発行するか否かは、その国の生産力と需要(消費・投資)のバランスの問題だ。

国民の労働による「生産」が「消費・投資」という需要を上回っている場合、その国は経常収支黒字国になる。そして、経常収支黒字国は統計的に「貯蓄が余っている国」という意味合いになる。国内に貯蓄が余っている経常収支黒字国(日本やドイツなど)は、政府が国債を発行すれば普通に国内で消化することができるのだ。

逆に、ギリシャやスペイン、それにアメリカやフランスなどの経常収支赤字国は、国内が貯蓄不足である。国内に余剰な貯蓄がない以上、政府が国債を発行しようとすれば外国に頼らざるをえない。

経常収支黒字国は国内で国債を売却し、赤字国は国際金融市場に依存する。

ただそれだけの話である。

ところが、グローバリズムの名の下で進んだ各種の規制緩和により、世界の主要国の多くでは、

「国際金融市場に国債を購入してもらうことは、放漫財政やクラウディングアウト（※）を防ぐことができるので、よいことだ」

という、実に定性的な理由により「外国への国債売却」が進んだ。

ユーロ圏では、経常収支黒字国のドイツまでが国債の半分以上を国際金融市場に売却しているのだから、呆れるばかりだ。

各国が国際金融市場に国債を売却していき、最後にどうなったのかといえば、ギリシャのケースを見ればわかる通り、結局は放漫財政を防ぐことはできなかった。

さらに、国際金融市場のプレーヤーである各投資家の「パニック」により、いわゆるＰＩＩＧＳ諸国の長期金利は急騰し、ユーロ危機は深刻化していった。

（※）政府支出の増加が金利上昇を招き、民間需要を抑制すること

ギリシャは本当に〝怠け者〟だったのか？

そんな中、日本は外国格付け機関から何度も格下げを食らったが、長期金利はびくともせず、延々と世界最低水準を続けている。我が国がデフレから脱却できず、民間の「日本円に対する借り入れ需要」が高まっていない以上、当たり前だが……。

日本とは真逆に、国際金融市場に政府の資金調達を依存していた国々、特にユーロ諸国がどうなったかといえば、投資家や格付け機関の気まぐれに国の政策が振り回されるようになってしまった。

あげくの果てに、政府の債権者である国際金融市場から露骨な主権侵害を受けるようになったわけだから、オランド大統領が「その敵とは、金融界です」と名指ししたくなる気持ちも理解できる。

現在のギリシャやスペインは政府の対外債務問題が悪化し、ＥＵの欧州委員会などから緊縮財政を強要されている。すなわち、財政的な主権を侵害されているわけだ。

とはいえ、ＥＵという国際機関が緊縮財政の方がいいと考え、ギリシャなどにそれを押しつけているわけでは必ずしもない。その裏にはドイツやフランスなどの投資家たち、すなわちギリシャなどＰＩＩＧＳ諸国の債権者たちがいる。

現在のユーロ混迷の根本には、国債を購入したギリシャやスペインなどの財政危機で損失を被りそうになっている「国際金融市場」が、独仏などの政府に圧力をかけているという問題があるのだ。

独仏両国の政府にしても、別にギリシャが破綻しようがスペインの銀行が続々と倒産しようが、それだけであれば知ったことではないだろう。

問題は、ギリシャやスペインが倒れると、自国の金融界が損害を被る点だ。**独仏などユーロ主要国は、親切心からではなく、自国の国益のためにＥＵを通じてギリシャやスペインに圧力をかけ、緊縮財政を強要している**わけである。

結果的に、ギリシャなどでは公務員給与が大幅に削減され、社会保障が縮小し、国民が次第に所得を減らしている。公務員の削減は政治的に難しいため、おもに新規採用が絞り込まれ、若者の就職難にも拍車がかかってしまった。

もちろん、ギリシャの過去の政治に問題がなかったわけではない。さらにいえば、ギリシャ国民が生産性を高める努力を怠っていたことこそが、現在の危機の発端ではある。

だが、そうだとしても自国の国債を購入していた「外国の投資家たち（=国際金融市場）」の損失を防ぐために、自分たちが所得減少、失業率上昇という代償を支払わされる状況はフェアとはいえない。さらに、

「独仏の銀行家、投資家の損失を防ぐために、ギリシャ国民の所得を減らしている」

という構図をごまかすためなのか、ドイツの政治家などはやたらと、

「ギリシャ人は怠け者だから、こんな事態を招いたのだ。ギリシャ人が働かないから、悪いのだ」

と、実際にはギリシャ人の労働時間がドイツ人よりも長いという事実をひっくり返し、虚偽に満ちた罵倒を投げつけてくる。ギリシャの新聞ではドイツのメルケル首相にちょび髭をつけ、ヒトラーになぞらえる風刺が流行っているが、無理もない話である。

貸し手は決して責任を負わない

グローバリズムを推進する企業経営者や投資家、銀行たちが欺瞞に満ち溢れているのは、「市場に任せれば、すべてうまくいきます。規制緩和しましょう。民営化しましょう。自由貿易を推進し、すべてを市場に委ねましょう」などといっておきながら、いざ「市場の裁定」により損を被る可能性が出てくると、途端に「政治力」を用いて自分たちの損失をカバーしようとすることだ。

これは、独仏の銀行に限らず、ウォール街の人々についても同じことがいえる。リーマンショックでアメリカの投資銀行のビジネスが破綻し、同国の納税者は大きな負担を強いられることになった。ところが、肝心の金融機関の責任者たちは、巨額の退職金をもらって悠々自適の生活に入っていったのである。

この現象を「ゴールデン・パラシュート」と呼ぶが、**あれほどまでに「市場」「市場」といっていた人々が、いざというときには政府（およびその背後にいる国民）に負担を押しつける。**歪んでいるとしか言いようがない。

しかも、自国の金融機関の損失を自国民が背負わされるならともかく（これも問題だが）、現在のギリシャやスペインなどでは、

「独仏の金融機関の損失を、ギリシャやスペインの国民が負わされている」のである。

たしかに、ギリシャやスペインが経常収支赤字国であるにもかかわらず、独仏の銀行が供給したユーロ（元々は独仏の企業が稼いだ貿易黒字）で不動産バブルを膨張させてしまったのは問題だ。1990年までの日本とは異なり、これらの国々は外国から借りたお金でバブルを醸成し、国民が所得拡大を不当に謳歌した。

そうだとしても、貸し手の責任というものがあるはずだ。

独仏の銀行などが債権者としての責任を背負いたくないあまりに、自国の政府を動かし、ギリシャ政府やスペイン政府に緊縮財政を強要する。あまりにも無責任な話だ。緊縮財政による所得減少で苦しめられるのは、もちろんギリシャやスペインの国民である。

「世界経済の政治的トリレンマ」とは

そもそも、いくらドイツやフランスがギリシャやスペインの債権を保有しているからといって、外国に緊縮財政を強要することは立派な主権侵害だ。

ユーロ加盟国はすでに「通貨主権」をＥＣＢに移譲してしまっているため、違和感がないのかもしれない。だがそうなると、**グローバリズムというのはやはり「国家主権」と相容れないもの**だとしか言いようがないわけだ。

グローバリズムは国際協定、国際条約によって最終的に確立するが、TPPで問題になったISD条項がその典型だ。ISDとは、ある国家が自国の公共の利益のために制定した政策によって、海外の投資家が不利益を被った場合に、世界銀行傘下の「国際投資紛争解決センター」という第三者機関に訴えることができる制度だ。

ISDのどこに問題があるのだろうか。ISD条項に基づいて投資家が政府を訴えた場合、数名の仲裁人がこれを審査する。だが、審理のポイントはあくまで「政府の政策が投資家にどれくらいの被害を与えたか」という点に向けられ、「その政策が公共の利益に必要なものかどうか」は考慮されない。そのうえ審査は非公開で行われ、判例の拘束を受けないので結果が予測不可能。また、審査結果に不服があっても上訴できない。つまり、仮に審査結果に法解釈の誤りがあっても、国の司法機関はこれを是正できないのだ。

ユーロのように国際協定でグローバリズムを「確定」させるには、自国の法律を変えなければならない。国際協定に合わせて、自国の国会議員が「グローバリズムのための法律」を制定、施行しなければならないのだ。

国民主権国家において法律を決めていいのは、「有権者に選ばれた政治家」のみである。ところが、グローバリズムを推進していくためには、国民の意思とは無関係に、国際協定に合わせた法律を制定しなければならないのだ。

結果的に、**グローバリズムと国家主権、あるいは民主主義は衝突する**。

ハーバード大学の経済学者ダニ・ロドリックが提唱した概念に、「世界経済の政治的トリレンマ」というものがある（参考『静かなる大恐慌』〔集英社新書〕柴山桂太著）。

これは、以下の三つを同時に達成することは不可能だという原則だ。

（1）グローバル化
（2）国家主権
（3）民主政治（議会制民主主義）

この三つのうち、達成できるのは論理的に二つだけ。三つ同時は不可能だ。これはまさに、現在の世界の問題を端的に示している。

ユーロ圏は（1）「グローバル化」と（3）「民主政治」を達成した結果、（2）「国家主権」が失われつつある。ギリシャやスペインなどは財政的主権を失い、ドイツにしても通貨主権は失っているわけだ。

中国は（1）「グローバル化」と（2）「国家主権」を同時に達成した結果、（3）「民主政治」がまったく達成できていない。国家主権を維持したままグローバリズムを推進すると、国内で「痛みを受ける」民衆が増えていく（実際に増えている）。結果的に、現在の中国は毎年10万件以上の暴動が発生する状況になっているが、民主主義国ではないので別に構わないのだろう。

経済成長こそ最大の安全保障である

さて、日本やアメリカでは（2）「国家主権」と（3）「民主政治」を維持したまま（1）「グローバル化」を推進しようとする人が多いため、民主主義との軋轢が強まっている。日本の反TPP運動やアメリカの「オキュパイ・ウォールストリート」は、まさにグローバリズムに対する民主主義の反乱だ。

有権者の意見を聞かなければいけない国会議員たちは、グローバリズムの無鉄砲な推進に対して、ある程度は反対の声をあげざるをえない。実際に、少なくない日本の国会議員が反ＴＰＰの請願に署名した。

こうしたグローバリズムと民主主義を巡る問題のポイントは、やはり国民所得の問題にたどり着く。現在のグローバリズムは、明らかに「グローバル投資家」や「国際金融市場」など、特定の人々の所得拡大を目指しているからだ。

グローバル投資家が得をしたとき、反対側に必ず損をする人が出るが、それが諸外国の国民だということになる。民主主義国家において、このような構図が問題にならない方がおかしい。

すなわち、**現在の日本では二つの意味で民主主義が挑戦を受けている。**

一つ目は、デフレによる国内の「閉塞感」「不安感」「絶望感」をトリガーにした国民間の闘争勃発。

二つ目はグローバリズムの圧力である。

これらの挑戦を退け、日本国の健全な民主主義を維持するには、基本的な問題に立ち返る必要がある。すなわち、国家の目的とはそもそも何かという問題だ。

国家の存在意義とは、国民が豊かに、安全に暮らすことを実現することであり、それ以外にはない。より具体的に書くと、国民の所得を増やし、治安を改善し、外国からの安全保障上の脅威などから国民を守ることだ。

日本国の場合、政府は国民を自然災害から守ることも必要だ。治安を改善するにも、安全保障を確立するにも、あるいは防災にも、いずれにしても政府がお金を使う必要がある。そして政府の財源は、税収にせよ国債にせよ、最終的には国民の所得に行き着く。

すなわち、国民の所得を増やす経済成長を実現することこそが、治安改善や国民の安全確保にもつながるわけだ。逆に、デフレ深刻化で国民の所得が減り続けると、政府が治安や安保、防災にお金を使えなくなる。国民は貧乏になると同時に、犯罪や外敵、そして自然災害の脅威にさらされるというわけだ。

自国の力を維持するには経済成長を達成し、国民の所得と税収を増やし、軍備増強にお金を使っていくしかない。そのためには、日本にグローバル化を迫る外圧を跳ねのけていくことが必要になるわけだ。

第2章　壮大な失敗に終わった、ユーロという〝究極のグローバル化〟

緊縮財政はデフレ推進策

グローバリズムの圧力を跳ねのけることができなかった場合、何が起きるのか。それを如実に示しているのがユーロの現状だ。第2章では、グローバリズムの先端を走っていたユーロでどんな悲劇が起きているのか、その実情をより深く掘り下げていく。

現在、ギリシャやスペインなど欧州の一部の国々では、卒倒するほどに失業率が悪化している。同時に、当たり前の話として、GDPのマイナス成長が続いている。すなわち、国民の所得が小さくなっていっているのである。

2012年7月時点の失業率はスペインが25・1%、ギリシャも6月時点で24・4%と、すでにアメリカ大恐慌期を上回っている。

現在の欧州破綻国にとっての大きな問題は、ユーロという共通通貨のシステムに参加しているため、経済成長への道筋を全く描けないことだ。

たとえばスペインがユーロ加盟国でなければ、為替レートは今ごろ対ユーロで半分程度に下落しているだろう。為替レートの下落は、ドル建ての国民所得の名目的な減少を意味

主要国の失業率（2012年7月時点）

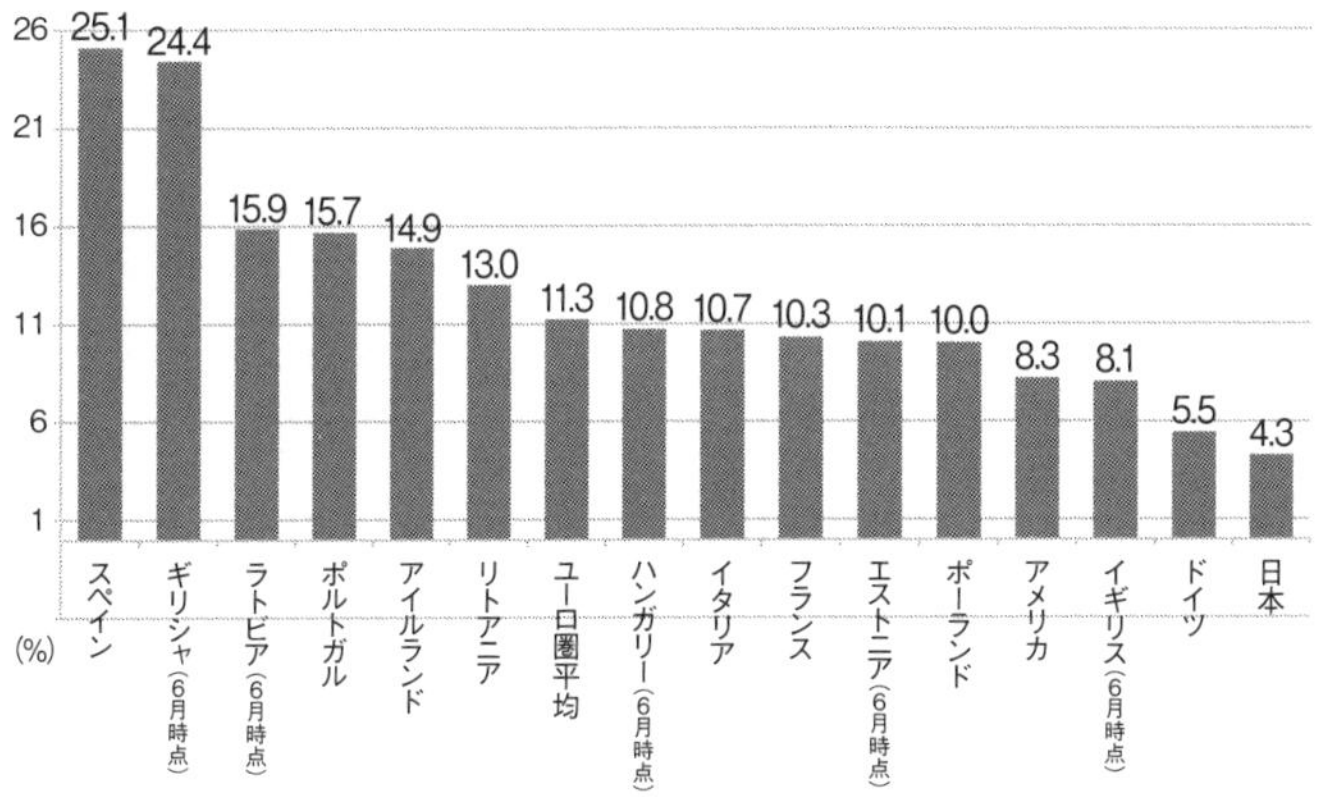

出典：ユーロスタット

する。だが、国民所得が「実質的に」小さくなることで、輸出競争力が一気に回復する。「安い人件費」を求める企業の投資や外資の流入により、雇用環境は改善に向かう。

ところが、ユーロに加盟したままの状況では、**スペインやギリシャは十分な輸出競争力が得られるまで国民の所得を実質的に小さくするしかない**。ドイツなどがユーロ破綻国に要求している増税や政府支出削減は、「国民を貧乏にする」という意味において、まったくもって正しい政策なのだ。スペイン国民やギリシャ国民が「十分に貧乏」になれば、外国からの安い人件費を求める投資が拡大する可能性がある。

とはいえ、政府自ら「国民を貧乏にする」政策をとるわけだから、国内は混乱せざるをえない。政治的に不安定化するのはもちろん、政府の緊縮財政が強行されたとしても、「貧乏にならない国民」が存在することも問題である。

バブル崩壊後に緊縮財政を実施することは、日本の例を見るまでもなくデフレ促進策だ。しかも、**デフレ期の「痛み」は、すべての国民に平等に行き渡るわけではない**。一部の国民、特に失業者に痛みが集中し、国内が不安感、不満感、閉塞感に満ち溢れていく。これが行きつくところまで行きつくと、民主主義が壊れてしまう可能性すらあるのだ。

大企業が脱出し始めたスペイン

それに対し、**為替レートの下落による「国民の貧乏化」なら、負担は全国民が同様に負うことになる**。

為替レートの下落とインフレーションは、通貨価値低下という一つのコインの表裏だ。すなわち、スペインやギリシャが為替レートを切り下げれば、全国民の所得を一気に対外国で引き下げることが可能で、輸出競争力を回復することができるのだ。

ところが、両国がユーロにとどまっている限り、為替レートの下落は（少なくとも対ユーロ諸国では）起きえない。

しかもスペインやギリシャの場合、痛みが「若者世代」に集中しているという問題もある。何しろ、両国の若年層失業率は50％を上回っているのだ。

若者世代の半分が、まともな職に就けない。

それは現時点で所得を稼げないことに加えて、将来所得を得るための経験、技術、ノウハウを身に着けられないことを意味する。これは中長期的に見て大変な問題だ。

たとえば、現在の若者の半分が雇用経験をまったく持たないまま、20年の歳月がすぎ去ったと想像してみてほしい。四十代の働き盛り、社会の中心になるべき人々の半分が、何の技術もスキルもノウハウももっていないわけだ。

こうなると、間違いなく次ページの図のとおり、「所得生成のプロセス」における「生産」の部分が不足に陥る。国民側は消費や投資を拡大しようとしても、すなわち需要が存在したとしても、労働者側が供給できないという構図になるわけだ。

当然、その国は「供給能力が不足しているがゆえに、物価が上昇する」という、悪性イ

所得生成のプロセス

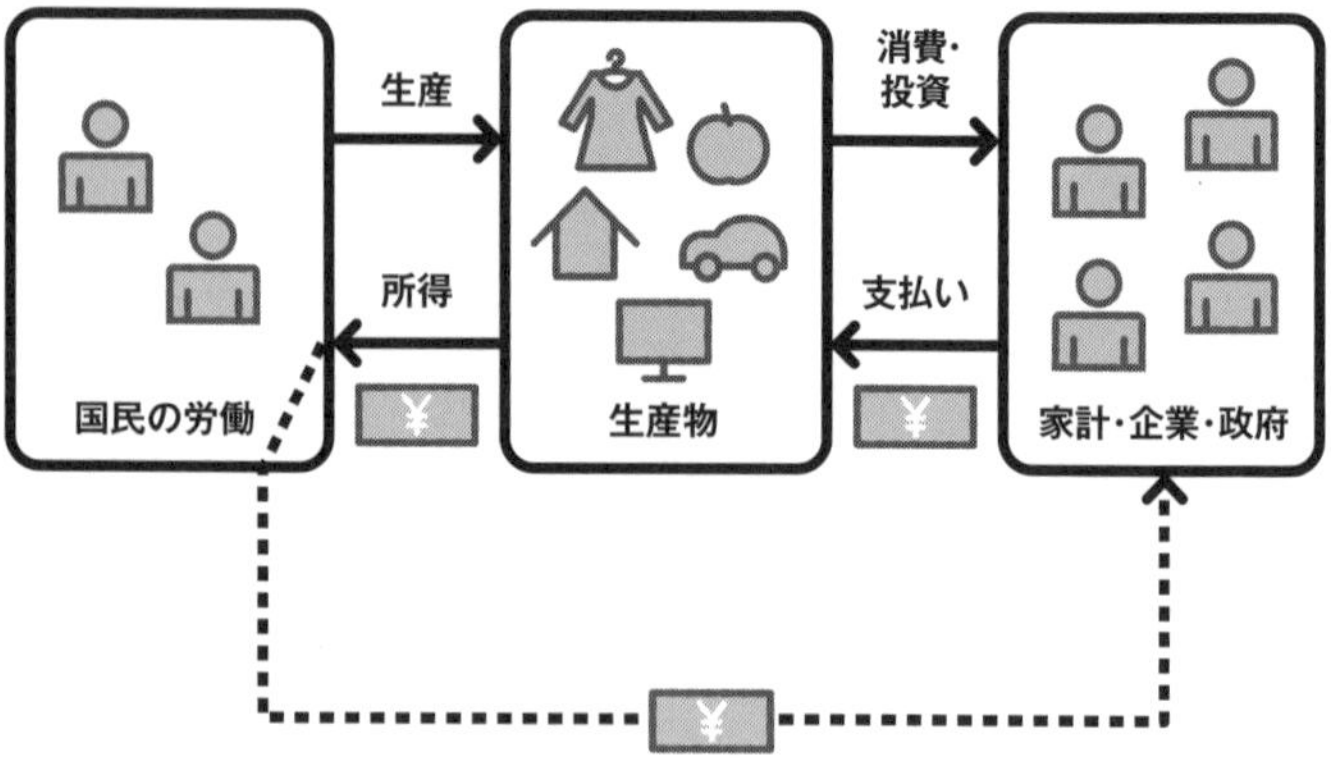

※「生産物」にはモノだけでなくサービスの供給も含まれる

ンフレに陥らざるをえない。

現在の日本は、需要側（消費、投資）が不足しているため、労働者が所得をえられないという問題を抱えている。すなわち、デフレーションだ。

外国から借りたお金でバブルを膨らませてしまったという点は異なるが、スペインやギリシャが抱えている問題も、本質的にはデフレーションである。

なにしろ、スペインとギリシャの物価上昇率はここ数か月、対前月比でマイナスを続けている。元々、供給能力不足でインフレになりがちだった両国の物価が対前月比マイナスを続けるなど、数年前までは考えられなかった現象だ。

現在のスペインでは中小企業の破綻が増加し、さらに大企業が国内市場に見切りをつけて海外に重点を移している結果、**法人税収が金融危機勃発前の三分の一近くにまで減少してしまっている。**大企業が国内市場に見切りをつけ、

「スペインの内需はもうだめだ。これからはグローバルだ!」

と、資本を外国に移動させる動きが加速しつつあるわけだ。

スペイン国民の所得はまだ「高すぎる」

しかし、スペインの大企業が海外直接投資を増やしたところで、当たり前だがスペイン国内の雇用環境の改善にはまったく役立たない。まさに、スペインでも企業と国民の利益が乖離してしまっているわけだ。

もしスペイン企業が自国のことを考えたのであれば、外国への直接投資ではなく、国内への設備投資にお金を回すべきだろう。だがスペイン国内はバブル崩壊で市場が縮小しつつあり、さらに為替レートの下落がないため、十分な輸出競争力を確保できない。要するに、現在においてさえ、スペイン国民の所得はグローバルで企業が勝つには高すぎるのだ。

「ならば、工場をグローバルへ」

と、海外進出を決断する企業経営者の気持ちはわからないでもないが、これではスペイン国内の問題はいつまでたっても解決しない。なにしろ、スペインにとって最大の問題である「対外債務の返済」は、国民の所得が拡大して税収が増えるか、輸出拡大で貿易黒字（厳密には経常収支黒字）を稼ぐ以外に解決しようがないのだ。

スペイン国民の所得が増えれば、当然ながらスペイン政府の税収も大きくなる。スペイン政府が外国から借りた金はユーロであり、国内から上がってくる税収も同じ。税収としてユーロを獲得したスペイン政府は、それをそのまま対外債務返済に使えばいいわけだ。

あるいは、スペインの企業が奮起して輸出を大幅に拡大し、貿易収支が黒字化したとしよう。このときスペインは、国家として「対外資産」を獲得したのと同じことになる（貿易黒字は、そのまま対外資産の増加だ）。

スペインが外国にモノやサービス（観光など）を売りまくり、対外資産を膨らませていけば、対外債務の返済は滞りなく可能となるわけだ。

いずれにせよ、**スペインが自国の問題を解決するには、国内企業に「国内で」積極的にビジネス展開をしてもらうしかないのである。**

ところが、現実にはスペインの大手企業が外国へ逃げてしまい、輸出を増やすどころか税金すら取れなくなりつつある。

税金とは基本的に「所得」から徴収される。

スペインの大企業がたとえばドイツで所得を得た場合、税金を徴収できるのはドイツ政府でありスペイン政府ではない。マクロ的にいえば、国民総所得（GNI）ではなく「国内総生産（GDP）」にかけられるのが税金である。「誰の所得」ではなく、「どこで稼がれた所得」であるかが問題になるわけだ。

なぜ財務省と経産省はTPPを推進するのか

そういう意味で、財政が悪化しているにもかかわらず、

「内需拡大はダメ。企業は外需で稼ぎなさい。TPPです。グローバルを目指せ！」

などと号令をかけている日本の財務省は、二重の意味で奇妙だ。

たとえば、日本企業が円高を活用して海外投資し、現地で所得を得たとしても、外国税額控除により日本政府は税金をとれない。

次ページの図の通り、現実に日本企業は対外直接投資を増やしているが、だからといって日本の財務省の懐が税収で潤うわけではない。潤うのは、あくまで外国政府の懐だ。**日本のグローバル企業が海外直接投資を増やし、外国で生産と雇用を生み出しても、日本の財政健全化には寄与しない。また、日本企業が国外での生産を増やしたところで、日本のGDPにも貢献しない。日本国民の雇用も増えない。**配当金が所得収支の黒字になり、GNIは押し上げられるが、生産金額に比べれば微々たるものだ。

財務省が税金を徴収する先は、基本的には日本国内なのである。これは、日本の新聞社が日本国内のみを市場としているのと同じだ。財務省の「市場」は日本国内しかない、と表現してもいいだろう。

そうである以上、財務省が目指すべきものは「国内の所得拡大」であり、企業のグローバル化ではないはずだ。ところが、なぜか日本の財務省は経産省と共にTPPを推進している。これではまったく意味がわからない。

日本の輸出総額と対外直接投資、平均給与

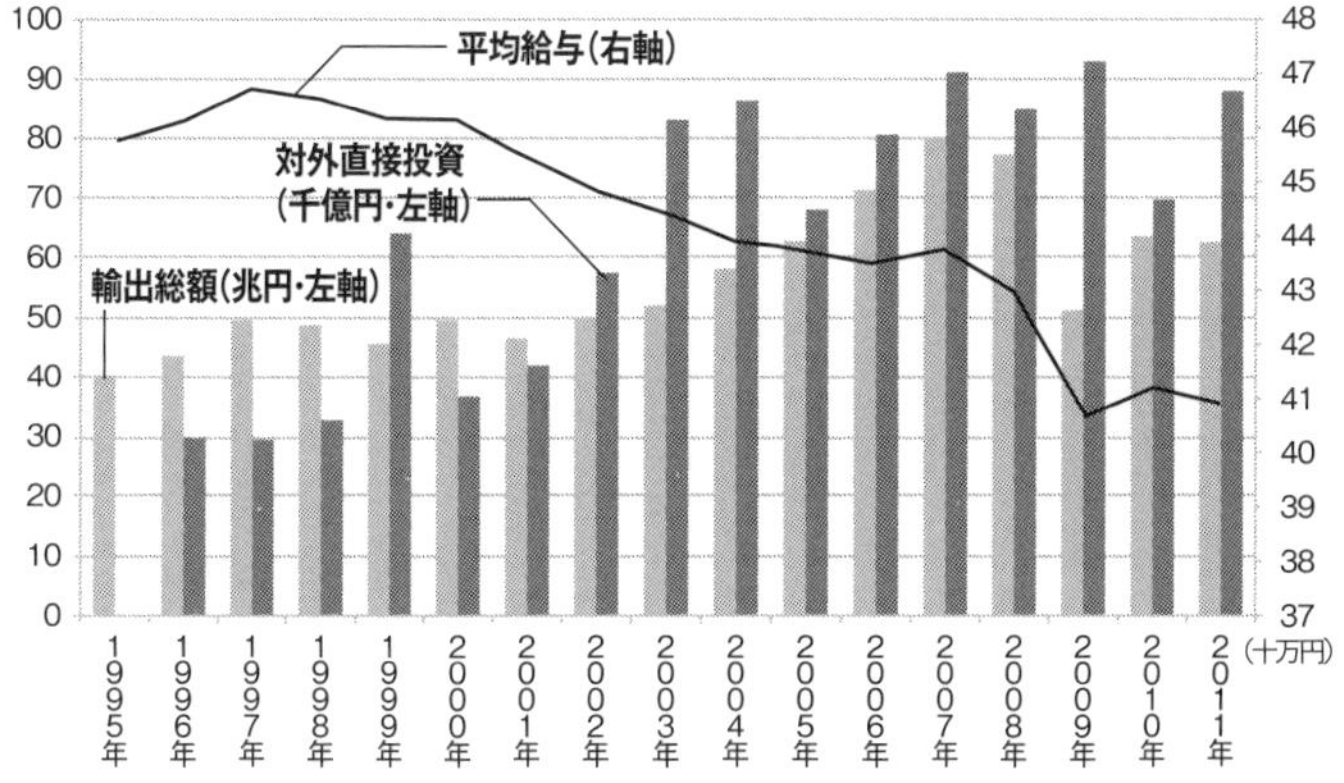

出典：財務省（輸出総額、対外直接投資）、国税庁（平均給与）

しかも、財務省は「内需はダメだ。これからは外需だ！」と、日本企業の海外「逃亡」を後押しするようなことを主張している。

国内にしか市場がない財務省が、「国外」も市場である経産省と同じ方針を叫んでいたのだ。さらに言えば、財務省が本気で、

「これからは外需だ！」

と信じているのであれば、税金をとるべき先は大手輸出企業（外需）であり、国内の消費者（内需）ではないだろう。財務省自ら「これからは伸びない」と断言している内需から税金を取ろうとし（消費税アップ）、「これから伸びる」らしい外需に対しては、法人税減税を推進してくるわけだから、日本の財務省は本当に二重の意味で変なのである。

黒字国はより黒字に、赤字国はより赤字に

話をユーロ、特にスペインに戻すが、同国は製造業の生産性が高くなく、他国からの輸入にある程度頼らざるをえない経済構造だ。そして、スペインはユーロ加盟国である。ユーロとは、基本的に北部の生産性が高い国々に有利なシステムだった。具体的には、ドイツ、オランダ、フィンランドなどである。

その根拠となるデータは、国同士の「所得の奪い合いの成績」つまりは経常収支で示される。**経常収支が黒字の国は、その分だけ他国から所得を稼いでいるという意味になる**からだ。

経常収支は四つの項目から成り立っているが、モノの貿易の結果を示すのが貿易収支である。それに対し、観光、医療、運送、保険、金融、興行、教育、知的財産権など、サービスの輸出入の結果はサービス収支で示される。

さらに、国境をまたがった配当金や金利、それに雇用者報酬のやり取りの結果である所得収支に、国同士の単純な所得の移転（援助など）を表す経常移転収支の四つを合計した

ユーロ主要国の経常収支の推移（単位：十億ドル）

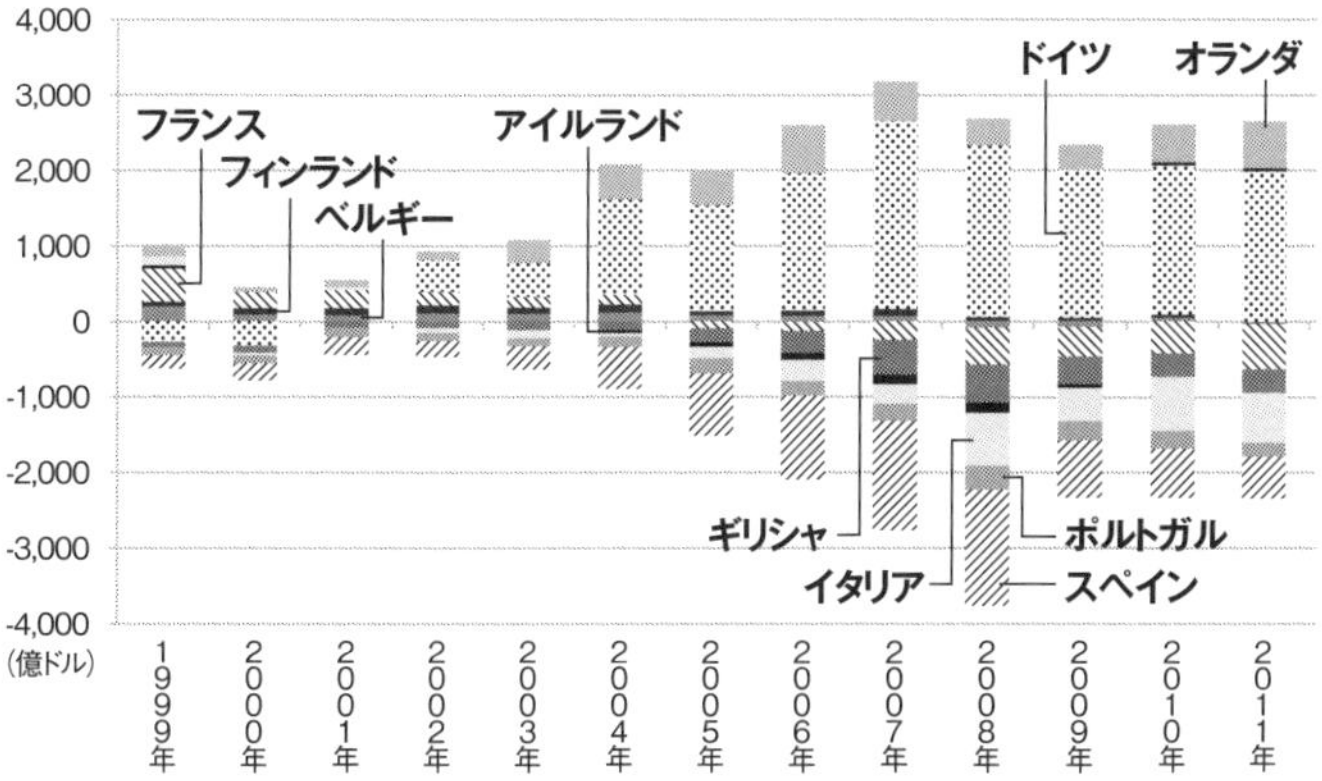

出典：IMF

ものが経常収支だ。

こうした理解のうえでユーロ圏の経常収支の推移をみると、1999年のユーロ発足以降、非常に興味深い現象が発生していることがわかる。具体的には、ドイツ、オランダ、フィンランドなど、確固たる製造業をもつ北部諸国が経常収支の黒字を毎年拡大し、逆にスペイン、ポルトガル、ギリシャ、イタリアなど、経常収支の赤字組が「赤字幅」をひたすら拡大していっているのである。

黒字組は黒字を膨らませ、赤字組は赤字額を大きくしていく。経常収支のインバランス（バランスしていない、の意）が拡大していったわけである。すなわち、ユーロ・インバランスの拡大だ。

ドイツなど一部の国だけが潤うユーロの構図

理想や政治的な思惑を取り払い、シンプルにユーロの仕組みを眺めた時、浮かび上がるのは以下の構図である。

まずはドイツやオランダなど、生産性が高い国々、よりわかりやすく書くと「製品を製造する能力が高い国々」がモノを生産する。生産されたモノは、当然ドイツやオランダ国民の需要も満たすが、余剰生産物はスペインやギリシャなど、生産性が低い（製品を製造できない）南欧諸国に輸出されていく。

自動車を例にとると、ギリシャには国産車が存在しない。ギリシャ国民は自動車を一切、製造していないのだ。だがギリシャ国民が暮らすうえで自動車が必要ないかといえば、むしろ話は逆だ。首都アテネですら地下鉄が三路線しかないギリシャでは、いまだに公共交通機関が発達しておらず、完全な車社会である。

となれば、彼らは自分たちが必要とする自動車を輸入するしかない。

あらゆる製造業が弱いギリシャでは、GDPに占める個人消費（民間最終消費支出）の割合が、何と7割に達していた。この数値は、世界的に見ても極端に高い。他の先進国の中では、唯一アメリカのみがGDPに消費が占める割合が7割で、普通の国は（日本も含め）6割程度だ。

しかも、財政危機が勃発して以降、ギリシャのGDPは投資を中心に縮小し、同国の「個人消費の対GDP比率」はかえって上昇している。人間は投資を先送りすることは可能だが、消費はある程度の水準で維持せざるをえないからだ。

というわけで、分母であるGDPが投資を中心に急激に縮小するなか、分子である個人消費はそれほど減少せず（さすがに減ってはいるが）、結果的に「個人消費対GDP比率」が上昇するというおかしな状況になっているのだ。

ギリシャ人は消費好きで、しかも日本を上回る車社会。ギリシャの街々はドイツ車、イタリア車、日本車、韓国車などの外国製自動車で溢れ返っている。というよりも、外国車しか存在していない。

ギリシャの貿易収支と個人消費対GDP比率

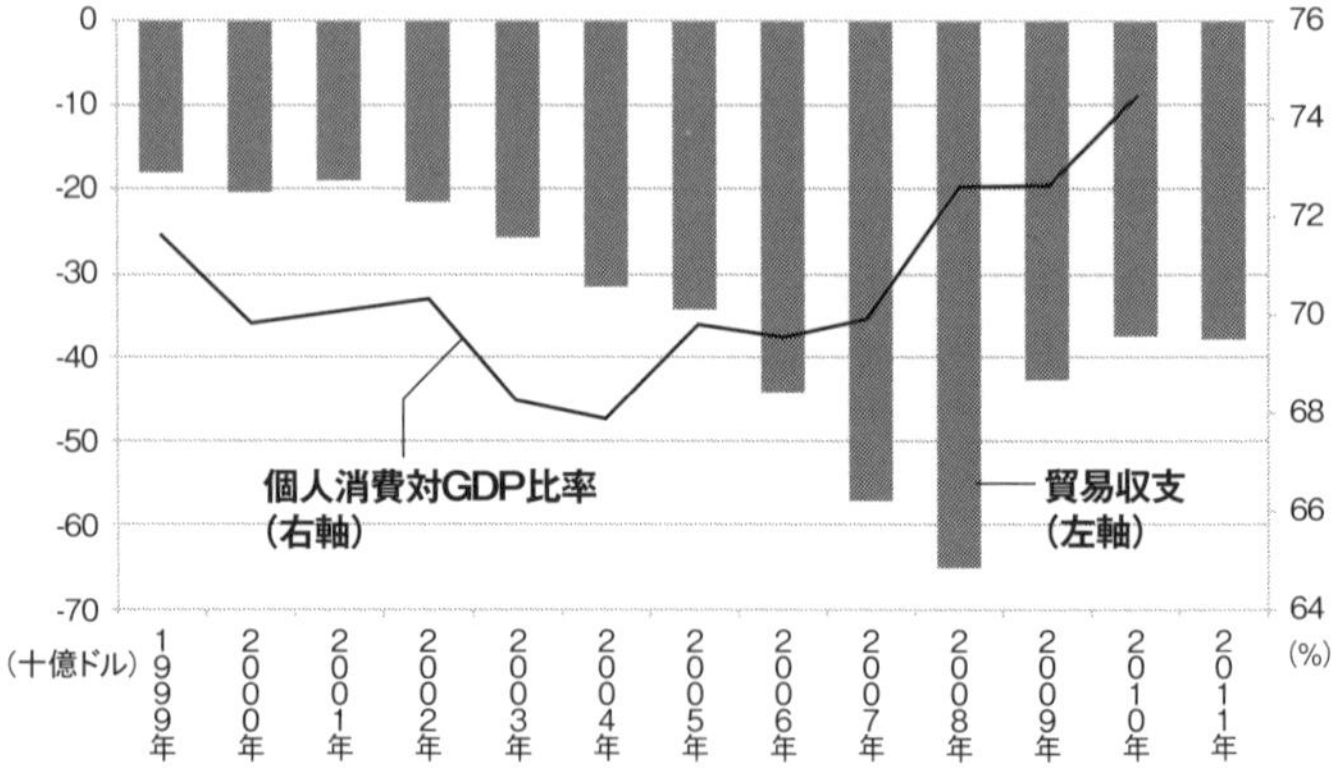

出典：世界銀行

というわけで、ギリシャ人は毎年大量の自動車を外国から輸入している。

「そんなお金、どこにあるのか？」

などと思ってはいけない。第4章で詳説するが、自動車を「消費」し、「誰かの所得」を生成するためのお金は「常に」あるのだ。ギリシャ人が国内で労働し、所得を稼ぐ。誰かがギリシャ国内で消費や投資をする限り、必ず別の誰かに所得が生まれている。

ギリシャ人は、自らが稼いだ所得でドイツ製の自動車を購入する。このとき生成されるのは「ドイツの所得」であり、ギリシャ人の所得ではない（自動車の小売サービスなどはギリシャ人の所得になるが）。

そして、ギリシャ人がドイツ製の自動車を

購入すると、「ドイツの所得」が生成されると同時に、ギリシャ側の対独貿易赤字が拡大する。対独貿易赤字とは、統計的にギリシャの「対独対外債務」になる。

ギリシャのドイツに対する貿易赤字が増えれば増えるほど、ギリシャの対ドイツの借金が拡大することになるのだ。

“借金漬け”という意味でアメリカとギリシャは同列

前ページの図の通り、ギリシャはユーロ加盟以降、08年までひたすら貿易赤字を拡大していった。ギリシャ国民は自国製ではなく、他国民が生産した自動車を買い続けた。支払いはギリシャ国民が稼いだ所得、具体的には通貨ユーロで行われた。

ギリシャがユーロ加盟国でなければ、貿易赤字の拡大が通貨安を引き起こしたはずである。ドイツ企業がギリシャに自動車を販売し、代金を自国通貨に両替しようとすると、当然「ドイツの通貨高、ギリシャの通貨安」という現象が発生する。

ギリシャの通貨が他国通貨に対して安くなっていけば、次第にギリシャ国民は、「自国で製品を作らず、外国から輸入する」というスタイルの消費が不可能になったはずだ。

たとえば、ギリシャ通貨が対ドイツ通貨で三分の一に暴落した場合、ギリシャ国民にとっては、ドイツ製の自動車の価格が三倍に上昇したことを意味する。

こうなると、さすがに「所得を生み出すお金は常にある」とはいっても、ギリシャ国民がドイツ車を購入することはできなくなっていっただろう。

ところが、ギリシャとドイツは共に共通通貨ユーロの加盟国だ。ギリシャの通貨が対ドイツ通貨で為替レートが下落することは、決して起きえない。結果的に、ギリシャ人がドイツ車を購入（輸入）しようとしたとき、それは常に「お手ごろ価格」であり続けた。ギリシャ人は「常に存在する」所得を生成するためのお金で、ドイツ製品を買い続けたわけだ。結果的に、ドイツのギリシャにおける所得が増え続けた。同時に、ギリシャの対独貿易赤字、対独対外債務が積み上がっていったのである。

しかも、ドイツに限らず、対ギリシャで貿易黒字になったユーロ諸国は、ギリシャ国内で稼いだ所得（ユーロ）を同地における再投資に回した。

具体的には、ギリシャ政府が発行した国債を買い入れ、さらに同国の不動産プロジェクトにお金を貸しつけたのである。

ギリシャ政府だろうが民間の不動産プロジェクトだろうが、ギリシャの「誰か」にお金が貸しつけられれば、同国内で消費や投資として使われることになる。ドイツやオランダなどユーロ圏の北部諸国が対ギリシャ輸出で稼いだユーロが、ギリシャ国内の「誰か」に貸しつけられ、ギリシャ国民の所得として戻ってくるわけだ。

結果的に、ギリシャはまるでアメリカのごとく、貿易赤字を外国からの対内投資でファイナンスする経済モデルを続けていた。

もっとも、輸出代金として外国に支払ったユーロが自国の所得に戻ってくるといっても、ギリシャの対外債務自体は増え続ける。**ギリシャは自国民が生産しないツケを貿易赤字の拡大と対外債務増大に押しつけ、最終的には財政危機に陥ってしまった。**

アメリカにとって貿易赤字は問題ではない

このギリシャの破綻までの流れは、リーマンショックまでのアメリカに酷似している。アメリカは世界最大の貿易赤字国、経常収支赤字国だ。

とはいえ、アメリカ国民が輸入代金として外国に支払ったドルは、米国債購入や不動産ローンといった貸し出しに回された。

もちろん、アメリカの対外債務はその分増え続けていくわけだが、何しろ同国は基軸通貨国である。アメリカの貿易赤字、対外債務が増え続けていくと、ドルは他通貨に対し下落していく。それでも他国は貿易の決済などにおいて、常に下落圧力にさらされているドルを使わざるをえない。


「ドル以外の通貨で決済する」という選択肢は、ほとんどありえないのだ。


つまり、基軸通貨ドルが中長期的に下落していくと、アメリカの対外債務の実質的な価値が「アメリカにとって」下がっていく。反対側から見ると、対米資産（対米債権）の価値が、時間が経つにつれて小さくなってしまうのである。

たとえば、日本が1ドル＝１００円の時期に1兆ドルの対米資産をもっていたとする。日本円で１００兆円だ。

その後、アメリカの貿易赤字、経常収支の赤字が拡大し、1ドル80円になってしまったとしよう。その場合、日本の対米資産は円建てで80兆円に減少してしまうことになる。

特に日本が何をしたわけでもないにもかかわらず、日本円が対ドルで20％上昇したことで、対米資産が円建てで20兆円も縮小してしまうわけだ。実際に、日本の対米資産の円建て価値は、昨今の円高により縮小している。

というわけで、**アメリカとしてはどれだけ貿易赤字が拡大しても、支払った代金が自国内に貸しつけられれば、ドルが自国民の所得に戻ってくる。さらに、貿易赤字により膨らんだ対外債務は、ドルが長期的に下落することで事実上「帳消し」にされていくわけだ。**

これが、現在の世界の覇権国であるアメリカの「帝国循環」の仕組みだ。

産業育成の〝武器〟を奪われているユーロ圏

さて、アメリカ同様に貿易赤字と国内への「外国からの投資拡大」で経済を成長させてきたギリシャだが、残念ながら同国は基軸通貨国ではない。また、そもそもギリシャの通貨ユーロは、対ユーロ諸国に対して下落することは絶対にない。

つまり、「アメリカ的」に対外債務拡大に依存した経済成長を続けてきたギリシャでは、帝国循環は成立しないのだ。ギリシャがユーロに加盟し、自国通貨が他国（ユーロ諸国）通貨に対して下落しないことで、同国は、

「為替レート下落による、自国企業の輸出競争力強化」
「為替レート下落による、自国の対外債務の実質的な帳消し」

という、二つの恩恵を受けられないことになる。

ユーロという「究極的なグローバル化」を志向した制度に加盟していることで、ギリシャは帝国主義時代のアジア・アフリカ諸国さながらに、「自由貿易」を強制されてしまった。ギリシャやスペインは、ユーロ圏の北部諸国から「一定の為替レート」という、日米英など独自通貨で変動相場制の国から見て極めてアンフェアな条件に基づく輸出攻勢をかけられ、所得を奪われることが続いていても、それに対抗する手段がない。

対抗手段とは、たとえば関税である。

もしギリシャに自動車産業が存在したならば、あるいはギリシャ政府が民族資本の自動車企業を育てようと考えたならば、最も手っ取り早いのは外国の自動車製品に高関税を課すことだ。

たとえば、外国からの自動車製品に200％の関税を掛けたらどうなるだろうか。これまで1万ユーロ（1ユーロ100円で計算して100万円）で外国から自動車を輸入していたものが、いきなり3万ユーロ（同300万円）になるわけだ。こうなると、さすがのギリシャ国民も外国製自動車を購入できない。

それでも先述の通りギリシャ人は消費好きで、しかも車社会だ。公共交通機関が充実していない以上、ギリシャ国民は自動車を購入せざるをえない。そこで、ギリシャの企業が日本やドイツなどから技術指導を受け、国産車を開発し、安価に市場に投入するわけだ。

ギリシャ人は品質に多少不満があったとしても、自国産の自動車を購入するしかない。結果的に、ギリシャの自動車産業が成長し、やがては他国への輸出も可能となり、貿易収支の黒字化に貢献することになるわけである。

これは、ある意味でアジアの旧「開発独裁国」が産業を発展させた際の黄金パターンである。関税等で他国企業から自国企業を「保護」し、官民一丸となって産業の発展、成長に突き進むわけだ。

ところが、現実のギリシャはユーロ加盟国で、完璧に「ユーロ式グローバリズム」に取り込まれてしまっている。ギリシャ政府がどれだけ自国の自動車産業の育成を望んだとしても、現実には他国製品（少なくともユーロ加盟国の製品には）に関税ひとつかけられない。自国市場が外国製品に席巻されていくのを、指をくわえて見ているしかないのだ。

グローバル化は産業の芽を摘んでしまう

筆者は先日ギリシャに赴き、同地の日本大使館の方とギリシャ経済について色々と議論させていただいた。その際、当地の大使館の方が、

「ギリシャは農業の生産性が高くなく、品質もそれほどよくない。ユーロを離脱しても、為替レートの下落を利用して農産物をユーロ諸国に売る、という成長路線はとれないだろう。要するに、ユーロを離脱したとしても、ギリシャには外国に売るものがないのだ」

という趣旨のことを話してくれた。

しかし、問題の本質の捉え方が微妙に違うような気がする。現在のギリシャが「ユーロを離脱しても、外国に売る製品がない」というのは、たしかな事実だろう。とはいえ、そもそも「なぜ、ギリシャには為替レートが下落しても外国に輸出できる製品がないのか」ということについて、考えてみたいのだ。

ギリシャに確固たる輸出製品が（観光を除き）存在しないのは、まさしく同国がユーロという名をもつグローバリズムに取り込まれてしまっているためなのだ。

「ギリシャはユーロを離脱しても、外国に輸出する製品がない」

ではなく、

「ギリシャはユーロに加盟したため、外国に輸出可能な製品が育たなかった」

が正解なのである。

なにしろ、ギリシャ政府が国内産業を外国企業から保護して輸出産業に育てようとしても、ユーロ式グローバリズムのルールがそれを禁じている。少なくとも、ギリシャはお隣の大生産地である「ユーロ圏」の企業から、自国市場を関税などで保護できない。自由貿易（関税撤廃）の実現は、ユーロ発足当初からの基本理念の一つだからだ。

ユーロ加盟国は、ユーロ諸国に対して関税をかけられない。別の言い方をすると、関税自主権を喪失しているわけだ。なんとなく、過去の日本の歴史を思い出さないだろうか。

幕末の日本は、1858年に日米修好通商条約を締結して以降、主要国と次々に通商条約を結び、関税自主権を喪失していった。関税自主権を失った日本に対し、欧米諸国は自国製品をなだれ込ませ、我が国の所得と雇用を奪い取っていった。

維新後の明治政府は、当然諸外国に条約改正を求め始めた。だが、我が国が関税自主権を完全に回復するには、日清戦争、日露戦争という二つの戦争を戦い抜き、数多の国民の血を流さなければならなかったのである。

生産性の高い国々が低い国々に「自由貿易」を押しつける。関税自主権を喪失した生産性の低い国は、高生産性の国から延々と輸出攻勢を受け続けなければならない。これが、グローバリズム、あるいは「自由貿易」の基本的なコンセプトである。しかも、ギリシャの場合はユーロ加盟国であるため、為替レート下落による調整も起きない。

グローバル化の犠牲になった19世紀のインド

こうした自由貿易の名のもとで苦しんだ国の代表といえば、日本でもギリシャでもなく、インドである。かつてイギリスがインドに自由貿易を強制した結果、数千万人が命を失うという悲劇を招いたのだ。

インドがまだムガール帝国と呼ばれていた時代、イギリスの東インド会社は自由貿易の名のもとに事実上の侵略行為を続けていた。ムガール帝国に対し、イギリスは「自由な交易、関税の撤廃」を要求したのである。

ムガール帝国がイギリスの要求を受け入れた結果、産業革命で生産性が極端に高いイギリス製綿製品がインド大陸に雪崩のように押し寄せた。結果、家内制手工業が中心だったインド国内の綿工業は壊滅状態に陥り、失業者が増大した。

「自由貿易」の要求を受け入れ、**自国の綿製品に関する雇用をイギリスに献上した形になったインドでは、所得不足から飢えに苦しむ人が多発したわけである。**

しかも、インドの農民はイギリス東インド会社によって商品作物の栽培を強制されることになる。具体的には、綿布の染料に使う藍、あるいはイギリスが清帝国に売りつけるための阿片の原料であるケシの実などである。藍やケシの実は食えない。農業がこうした商品作物に偏ってしまった結果、インド国内における食料生産量は極端に落ちてしまう。

失業増と食料不足が進み、インドでは多くの国民が飢えた。イギリス支配により国民経済が完全に崩壊し、数度の大飢饉で餓死者が2000万人を超えたのだ。

自由貿易にせよ、グローバリズムにせよ、確かに言葉の響きは美しい。だが、これらの言葉が意味するところは、

「皆が幸せになりましょう」

ではなく、

「生産性が高い国が、低い国から所得と雇用を頂戴いたしますよ」

という宣言なのである。

悲惨を極めてきたギリシャの歴史

悲惨な歴史といえば、ギリシャもインドに負けていない。というより、日本を除くユーラシア諸国は、ことごとく「悲惨な歴史」を経験している。

なかでも、ギリシャの歴史は相当にひどい部類に入る。そもそも、日本人の多くは勘違いしているが、歴史的に「ギリシャ人の国」が成立したのは、1830年のギリシャ王国が最初だ。**1830年以前にギリシャ人の国が存在したことは、一度もないのである。**

日本人が思い描くギリシャの歴史といえば、「ギリシャ神話」や「古代ギリシャ」で時

の流れが止まっているのではないだろうか。

ソクラテスやプラトン、アリストテレスといった哲学者やペリクレスに代表される政治家が活躍し、人類史上初めて「民主政治」が実現したのが古代ギリシャである。

実際、古代ギリシャあるいはヘレニズム文明は独立した都市国家、すなわちポリスの集合体であった。各ポリスの住民はギリシャ語を話したが、主権が統一されていたわけではなかったのである。

プラトンやペリクレスの黄金時代を過ぎたギリシャは、マケドニア（アレキサンダー大王）の支配下に落ち、さらにローマ帝国に吸収され、ローマ帝国分裂後はビザンチン帝国領になった。そしてビザンチン帝国がオスマン帝国により滅ぼされた後は、トルコ人の支配下に置かれた。

オスマン軍がアテネを占領したのは1456年、ギリシャ王国成立が1830年であるから、実に400年近くもの期間、ギリシャ人はイスラム教徒の帝国において、オーソドックス（ギリシャ正教）を信じる異教徒として生きてきたのである（オスマン帝国下のアテネは、人口1万2000人程度の小都市であった）。

400年もの期間、異民族（トルコ人）の支配を受けたというだけで悲惨極まりないが、独立後のギリシャ王国も決して安泰だったわけではない。

そもそも1830年の王国独立自体が、英仏露という列強の妥協の産物であり、それ以降のギリシャの歴史は、トルコの支配を受けていた時期の方がまだしもマシだったのではないかと思いたくなるほど、「悲惨」の繰り返しだったのである。

初代大統領の暗殺（1831年）、国王追放（1862年）、領土拡張のためのブルガリアやトルコとの戦争（1913年〜、1920年〜）、国家分裂（1916年）、小アジアにおける対トルコ戦完敗（1921年）、民族主義メガリ・イデアの挫折と110万のギリシャ人（厳密には正教徒）難民流入（1923年）、度重なる政府のデフォルト（1843年、1860年、1893年、1932年）、軍事独裁（1936年〜）、ナチスの過酷な支配と飢餓（1941年〜）、血で血を洗う内戦（1943年〜、1947年〜）、繰り返されるテロリズム（1945年）、政治家の失脚とクーデター（1967年）、再びの軍事独裁（1967年）、インフレによる国民経済の崩壊（1973年）、キプロス紛争と敗北（1974年）、腐敗政治、そしてユーロ危機の主人公と、独立後のギリシャは日本人には想像できないような苦難の歴史を刻み続けてきたのである。

特に、お隣のトルコとの敵対関係は激しく、エーゲ海を挟んで両軍が常に対立している有様だ。

ギリシャ人が〝怠け者〟にみえる本当の理由

国家がこのような状態で国民が所得拡大のための投資を積み重ねていくなど、できるはずがない。同国がＥＣ（欧州共同体、現ＥＵ）に加盟したのは、キプロス紛争の際にＮＡＴＯ（北大西洋条約機構）が頼りにならないと思い知ったためでもある。なにしろ、キプロス紛争で戦ったトルコもＮＡＴＯに加盟している。ギリシャもトルコも共に加盟国である以上、キプロス紛争でＮＡＴＯがどちらかに加担するなど、できるはずがないのだ。

国民が安心して投資を積み重ねることができる環境でない以上、ユーロ加盟以前のギリシャが生産性を高めることができなかったことについて、ある程度は同情の余地がある。

問題はユーロ加盟後だ。ユーロ加盟以降のギリシャは、「ユーロに加盟してしまった」からこそ通貨発行権、関税自主権、さらには為替レート下落による輸出競争力確保の道も失い、国内の生産性向上の機会を逸してしまった。

結果的に、すでに高生産性という武器を「持てる国」であるドイツなどからの輸出攻勢を受け、対外債務を積み上げ続け、現在の危機に至ったわけである。

主に独仏などのユーロ主要国から借りていたお金（ギリシャの対外負債）を返済できなくなったことを受け、ドイツなどでは、

「怠け者のギリシャ人を助けるために、我々ドイツ人の税金を使うのか」

という非難の声が上がっているが、実際は不当な批判である。ＯＥＣＤの調査によると、**ギリシャの労働者一人当たりの平均労働時間は、ドイツなどと比べてはるかに長い。**

ＰＡＳＯＫ（全ギリシャ社会主義運動）のアンドレアス・パパンドレウ首相が政権を担当して以降、ギリシャの公務員が無闇やたらと増やされてしまったのは事実である。現在のギリシャはＥＵや独仏などの圧力を受け、公務員給与の削減に乗り出している。すでに、公務員給与はピーク時の6割近くにまで下落しているが、公務員数を削るのはあまりにも政治的リスクが大きいため、「数」の削減にはなかなか乗り出せないでいる。

そこでギリシャ政府は、新規採用を「是正」する形で公務員総数を減らそうとしている。定年退職する公務員に補充をしないことで、増えすぎた公務員を削減しているわけだ。

2011年主要国の労働者一人当たり平均労働時間

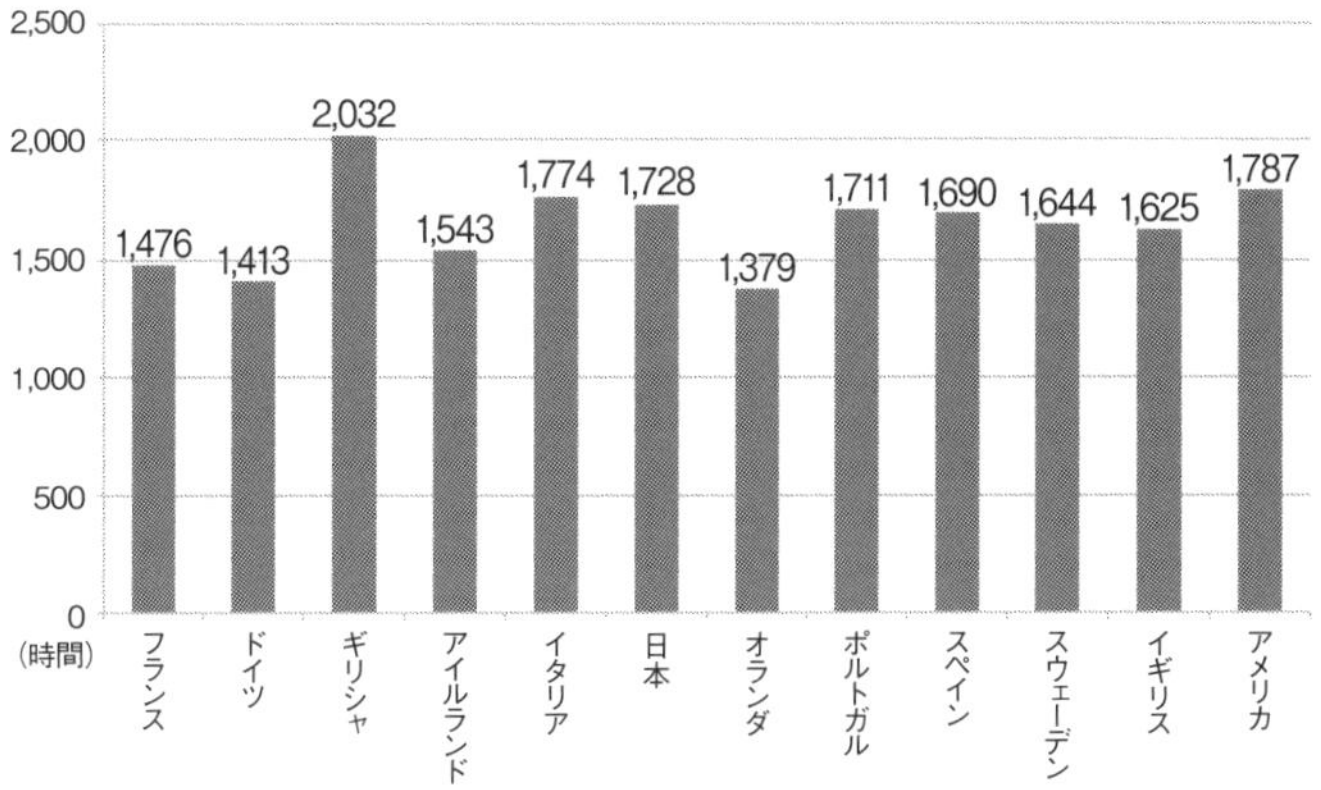

出典：OECD「Average annual hours actually worked per worker」

だがそうなると、若者の新規雇用が縮小してしまうのは言うまでもない。現在のギリシャの若年層は、公務員という形で職を得る道まで塞がれてしまっているのだ。

政権交代時の「コネクション」で公務員になったギリシャ人はいざ知らず、一般国民は別にドイツ人が声高に叫ぶような「怠け者」では決してない。

たしかに、暑さが厳しいギリシャでは労働者が昼間は休憩やシエスタをとる。気温が高いギリシャではどうしても昼間の生産性が落ちてしまうためで、別に怠けているわけではない。また、ギリシャ人は休日をビーチでのんびりすごすことが多いが、休みの日に何をしようと彼らの勝手だろう。

現実には、前ページの図の通り、ギリシャ人の労働時間はOECDでは長い方に属する。2011年の数値でいうと、OECD諸国の中でギリシャ人よりも労働時間が長かったのはメキシコと韓国だけだった。

「低生産性」こそがギリシャの問題

これだけ労働時間が長いにもかかわらず、なぜギリシャは国民の需要を自国企業で満たせず、貿易赤字を続けているのだろうか。それがまさにユーロの呪縛である。

そもそも、労働時間が長いこと自体は別に自慢にならない。国民に必要なのは「労働による所得」であり、労働そのものではない。**同じ所得をできるだけ短い労働時間で稼ぐ、あるいは同じ労働時間でより大きい所得を稼ぐことこそが、経済成長の本質である。**

ギリシャは労働者の労働時間が長い割に、所得が小さい。ギリシャの国民一人当たりGDPは約2万7000ドル（11年）で、日本の4万2820ドル、ドイツの4万631ドルと比べて小さい。しかも、ギリシャ人は日本人やドイツ人より長く働いているのだ。

労働時間が長い割に一人あたりの所得が小さい。要するに、生産性が低いという話だが、この「低い生産性」こそが、ギリシャ経済の究極的な問題なのだ。

生産性とは、労働者一人あたりの付加価値で計算される。付加価値とは「所得」とイコールであるため、ギリシャと比べて「生産性が高い」ドイツは、「労働者一人当たりが稼ぎ出す所得が大きい」

ということになる。生産性が高いドイツは、ギリシャと比べて、「より短い時間で、より沢山の製品を、より高品質に生産する」ことが可能なのである。

そもそもギリシャは生産性が低すぎるので、必要とする産品を自国のみでは生産・供給できない。それに対して、日本やドイツは資源さえ輸入してしまえば、ほとんどの製品を自国で生産してしまう。労働者一人あたりの所得という「数値的な生産性」に加え、「生産可能かどうか」という点においても、ギリシャはドイツに負けているわけである。

ＥＣ加盟以前のギリシャの生産性が低いのは、あれほどの悲劇的歴史を積み重ねてきた以上、ある意味で仕方がない。日本にしても、ギリシャほど悲惨な歴史を繰り返していたら、現在のように「生産性が高すぎ、生産力が需要（消費、投資）を上回っているがゆえにデフレ」という、ある意味で贅沢な困難に陥ることはなかっただろう。

ギリシャはＥＣに加盟し、社会がようやく落ち着いたにもかかわらず、国内の設備投資による国富の蓄積がなされなかった。というより、ユーロ加盟後のギリシャでは、グローバリズムというコンセプトのもとで、国内産業を保護的に育成する機会を奪われた。

２００８年ごろまでは、貿易赤字と対外債務拡大が裏にある不動産バブルによって、ギリシャは国内経済を何とか成長させてきた。ところが、バブル崩壊とともにＥＵ諸国から緊縮財政を強制され、若者を雇用する機会を奪われてしまったわけだ。

同じ現象は、スペインやポルトガルなどでも見られる。ギリシャをはじめ、生産性が低いユーロ加盟国にとって、ユーロ式グローバリズムに基づく共通通貨ユーロのシステムは、まさに「呪縛」なのだ。

ちなみに、ドイツの勃興期である19世紀前半、極めて高い生産性を誇っていたのが、先ほど登場したイギリスである。高生産性を武器に、自由貿易の名のもとで輸出攻勢をかけてくるイギリスに、ドイツ（及びアメリカも）は保護主義で対抗した。イギリス製品を高関税などで締め出し、自国産業をじっくりと育成したのである。その結果として、現在のドイツの繁栄がある。

自分たちは保護主義でイギリスに対抗し、成長を遂げたドイツが、現在はユーロ式グローバリズムの名の下で低生産性国に対し自由貿易を押し付けている。何というか、ドイツというのは本当にすごい国である。

〝ユーロ離脱〟以外の解決策は存在しない

第二次世界大戦後の混乱の中で、多くのギリシャ人が、トルコ人と共に経済発展著しい西ドイツに労働者として渡っていった。いわゆる、ガストアルバイターである。

現在のユーロ圏では、圏内の労働者に移動の自由が保証されている。シェンゲン協定により、ＥＵ内（イギリスとアイルランドは除く）は国境検査なしで自由に行き交うことが可能だ。今後のギリシャがユーロにとどまったまま雇用を改善したいなら、労働者（特に若年層労働者）を北部諸国に再び送り込むしかない。

ギリシャのGDPに個人消費が占める割合は極端に大きいと書いたが、製品の多くは外国からの輸入だ。必然的にギリシャ国内の産業はサービス業が中心で、特に大きいのは小売業になる（とはいえ、ギリシャの小売業の多くは個人経営の小規模商店だ）。

それに対し、ギリシャの若者が受けた教育は、大学における高等教育が中心だ。企業側の労働者に対する需要と若者側の教育との間に、明らかなミスマッチが生じているわけだ。

不景気時には、政府が公務員として若年層労働者を吸収することもできるが、前述の通り、現在のギリシャ政府はEUなどの要請で公務員の新規採用を極端に絞り込んでいる。

となると、**ギリシャの若者が自らの受けた教育に相応しい職を得るには、移民以外に方法がないという話になる。**だが世界的にバブルが崩壊し、デフレに片足を突っ込んでいる国が少なくない環境下で、若者の移民労働者がはたして歓迎されるだろうか。

ちなみに、ギリシャとトルコの陸地における国境はエブロス川だが、この川はアフガニスタンなどからの不法移民がユーロに「潜入」する通路になってしまっている。なにしろ、アフガニスタンからトルコに至り、エブロス川を越えてしまうと、その先は「シェンゲン協定」の世界なのだ。ギリシャに入ってしまえば、ドイツだろうがフランスだろうが、国境検査なしで行くことができる。

失業率が上昇し、国内で十分な所得が得られない国民が増加していることは、今や世界的な問題である。ギリシャ国内で職を得られない若者が他国に移民し、一方でユーロ圏外の職を得られない若者がギリシャに不法入国し、ユーロ圏内に散っていく。

ギリシャ国民が消費を好む経済構造をもっているわけだから、本来は、今こそ自国で製造業を立ち上げるチャンスなのだ。とはいえ、ユーロに加盟している限り国内企業の保護もできず、為替レート下落により輸入を減らすことも難しい。さらに、公務員を増やすこともできないとなると、ギリシャ政府が国内の雇用問題を解決する手段は一つもない。

グローバリズムは残酷である。特に、若年層世代にとって。

第3章　「所得の増大」こそ日本に本当の豊かさをもたらす

デフレは民主主義に危機をもたらす

ユーロ式グローバリズムがいかにギリシャを蝕み、若者の未来を奪っているかについて述べてきた。では、同じくグローバリズムの波に飲み込まれつつある日本はどうなのか。この第3章では、ヨーロッパから日本に舞台を移し、我が国の現在地を検証していきたい。

そこで、まずは所得の物語を語ろう。

長引くデフレにより、日本国民が所得の意味を忘れてしまって久しい。なにしろ、**現在の日本経済はバブル崩壊以降、ほとんど成長していないのだ。そして、成長とは「所得の拡大」を意味している。**

読者の多くはすでに、

「どうせ、自分の所得が増えていくことはない」

などと諦めきってはいないだろうか。

断言しておくが、インフレ期にはともかく、デフレ期に所得が伸びないのは、決して個人の責任ではない。正しいデフレ対策を打ち、国民の所得が「増える環境」を作り上げることができるのは、その国の中央政府しかないのだ。

というよりも、政府の役割の一つは、まさに国民の所得を増やすための基盤を整備することなのである。

もちろん、たとえ政府が正しい政策を実施して所得が拡大していく環境が整えられていたとしても、現実には事業に失敗する、会社が倒産する、市場競争に敗れるなどで所得が増えない国民は出てくる。

それこそ誰かが大好きな「自己責任」である。国民全体の所得が増えるインフレ期にもかかわらず所得が増えない場合、さすがにその責任は個人が負うべきだ（もちろん、弱者や市場競争の敗者などに対するセーフティネットは必要だが）。

しかし、デフレ期に国民が着実に所得を増やすのは不可能に近い。なにしろ、デフレで物価やサービス価格が下落すると、「国民全体の所得」を意味する名目ＧＤＰは増えようがない。名目ＧＤＰが横ばいもしくはマイナスの環境でも所得を伸ばす企業や個人がいたら、彼らは確実に「他者の所得」を奪っていることになる。

名目ＧＤＰが増えない状態とは、日本国家の「所得のパイ」が拡大していないことと同じだ。パイ全体が増えていない環境下で、一部の企業や個人の所得が増えたということは、その分だけ別の誰かの取り分が減っている。

おわかりとは思うが、筆者はデフレという極めて厳しい環境にもかかわらず、懸命に努力して所得を増やした企業や個人を批判したいのではない。経済環境がどうであろうと、企業や個人が死にもの狂いで競争を繰り広げ、勝ち抜き、自らの所得を増やすべく苦労を重ねるのは当然だ。

なにしろ、日本は資本主義国である。

筆者は単に、誰かの所得を減らさなければ自らの所得を増やせないデフレ環境が不毛だと言いたいだけだ。いや、不毛というより、**デフレ環境は確実に「勝ち組」と「負け組」を生み出し、国内における足の引っ張り合いのきっかけになり、政治が混乱し、社会不安が煽られ、民主主義が壊される可能性がある**ことが嫌なのだ。

「極端なこと」を言う人に要注意

日本の「かつて」のデフレ期である1920年代から1936年までの昭和恐慌期には、まさしく前記のような社会不安が煽られ、誰もが敵を見つけ出しては声高に批判し、政治が混乱し（現在同様、毎年のように首相が代わった）、最終的には五・一五事件、二・二六事件というテロリズムを引き起こしてしまった。

今回の日本のデフレ期においては、さすがにテロやクーデターは起きないとは思うが、国民が現状や将来に不安を覚え続けることに変わりはない。**このような時期は極端なことを言う人物が「救世主」として支持を獲得しがちなので、注意が必要である。**

ちなみに、日本共産党は面白い政党で、金融政策の独立と均衡財政を支持している。デフレ期に中央銀行の独立性を高め、均衡財政実現のための緊縮財政を実施すると、確実に国民の所得が減り、誰もが次第に貧乏になっていくにもかかわらず、だ。

デフレ期に中央銀行の独立や均衡財政を叫ぶ共産党。どこが庶民の味方なのかと思うが、彼らにとってはデフレが深刻化し、国民が貧困に陥ることこそ望ましいのかもしれない。

なにしろ、日本のデフレが悪化していき、人々が貧しくなり、誰もが他者を攻撃し始めた時期ほど、共産革命を実現しやすい環境はない。逆に、適度なインフレ率のもとで経済が成長し、国民が豊かになっていくと、誰も「革命」などとは言い出さなくなる。

前回の世界的なデフレ期であった1929年以降の大恐慌期（日本のみ1920年から）、アメリカのルーズベルト政権下でニューディール政策という正しいデフレ対策促進に貢献したFRB議長マリナー・エクルズは、「デフレは民主主義を破壊する」という言葉を残している。まさに、その通りだ。国民が着実に貧乏になり、社会に閉塞感が満ちあふれるデフレ期ほど、「革命」を実現しやすい環境はない。

ナチス台頭の直接の原因も「所得減少」

ドイツのナチス（国家社会主義ドイツ労働者党）政権は、まさにデフレ期（大恐慌期）の1933年に誕生した。当時のドイツは日本やアメリカを上回るほど深く、深くデフレに突っ込んでおり、さらにドイツ国民はベルサイユ体制に対して憤懣やるかたない思いを抱いていた。

ナチスは大恐慌に苦しむドイツ国民の間で「極端な発言」「極端な行動」により支持を広げていく。選挙におけるナチスの獲得票数は、大恐慌前の1928年には81万票にすぎなかったが、1933年には1700万票に達した。

大恐慌が進行するにつれ、ドイツのGDPは毎年下がり続けた。国民の所得が縮小していき、ナチス台頭の地ならしがなされたのである。

ナチスは共産党とは違うと思った読者がいるかもしれないが、既存の秩序をひっくり返し（グレート・リセット）、「党」を中心とした新たな体制を築いたという点において、ナチス政権樹立は立派な革命だ。

ファシズム政権樹立も共産革命も、国家・国民ではなく「政党」に主権をもたせるという点で、何ら変わりはない。多くの読者が勘違いしているように思うが、ファシズムは共産主義同様に「政党主義」であり、「国家主義」ではないのだ。

ナチスは民主主義により選択され、ドイツ国内で台頭していった。

なぜ当時のドイツ国民がナチスを熱狂的に支持したかといえば、ずばり「所得減少」に直面していたためだ。次ページの図の通り、大恐慌期のドイツの鉱工業生産指数は1932年時点でアメリカを上回るほどの落ち込みで、卸売物価は1929年比で40％近くも下落した。失業率はなんと43・8％（1932年）にも達していたのである。

大恐慌期における生産の落ち込みとデフレの相関(1932年時点)

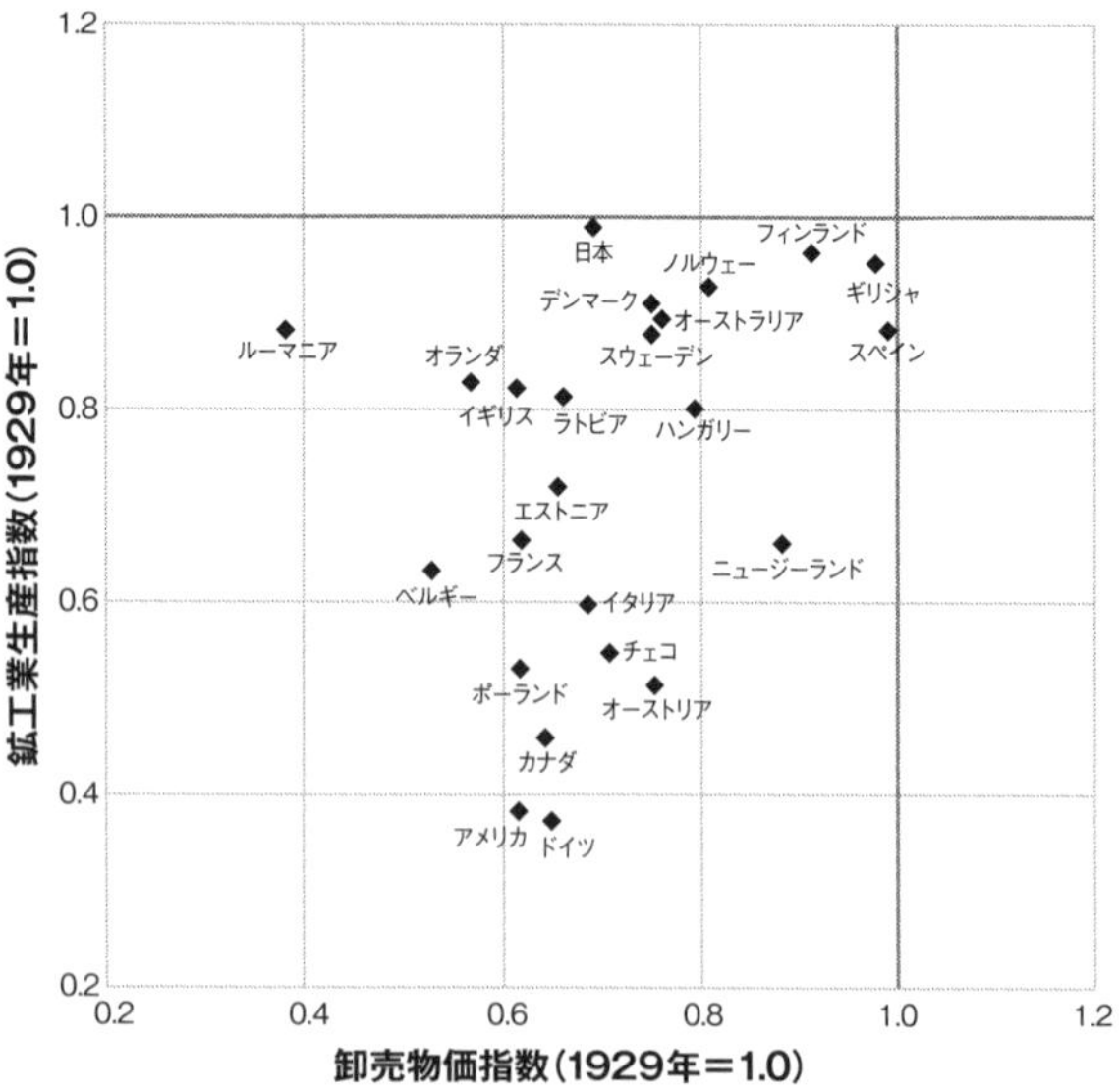

出典：財務省財務総合政策研究所「フィナンシャル・レビュー」02年8月版より

ここで語る「所得」の定義は、「誰かが働き、財（製品）やサービスを生産し、それに対し消費もしくは投資として支払いを受けたことにより獲得したお金」になる。鉱工業生産が6割も落ち込むということは、その分だけ生産が行われなかったことになるわけだ。生産が行われなければ労働者は不要。当然ながら、**生産の縮小と共に失業率も急上昇していく。**

インフレでもデフレでも「飢え」が政権を倒す

それにしても、失業率43・8％というのはとてつもない数字だ。基本的に人間は「所得」から消費や投資を行う。生産縮小で労働者が職を失うと、彼または彼女は消費や投資を行うための所得を得られないことになる。

「未来の所得」のための投資はともかく、消費とは「現在必要な財やサービス」を購入することだ。所得を獲得する術を失い、消費ができなくなった人間は、最終的には最低限必要な食料すら手に入れることが不可能になる。すなわち、飢える。

筆者はよく「大恐慌期のアメリカの失業率は24・9％（1933年値）にまで悪化した」と書くが、当時のドイツの状況はそれどころではなかったのである。

生産（鉱工業生産指数）が3年間で6割超も減少し、失業率が4割を超えるような有様では、当時のドイツ国民が抱いていた閉塞感は、現在の日本どころではないだろう。結果的に「極端なこと」を主張する政治家が一気に支持を受け、ナチス政権が誕生した。

大恐慌期のドイツを直撃したすさまじいデフレーションは、最終的には同国の民主主義を破壊し、一党独裁の国家体制への「革命」を実現した。

しかも、ドイツの民主主義を破壊したのは「民主主義」そのものだ。ヒトラーは、別にクーデターで政権を握ったわけではない。民主主義すなわち有権者の投票により、ナチス政権は成立したのだ。ナチス・ドイツをつくり上げたのは、ドイツ国民の「貴重な一票」なのである。

国民は、国内のモノ不足、サービス不足によるインフレ率高騰（物価高騰）でも飢えるが、デフレによる所得減少でも、同じように飢餓に苦しむことになる。物価高騰だろうが、所得激減だろうが、飢えに悩まされる国民は極端な行動に走りやすい。

２０１１年初頭のムバラク政権崩壊のきっかけになったエジプト革命は、デフレではなくインフレの深刻化により拡大した。

エジプトの場合、ロシアが干ばつで小麦輸出を禁止（２０１０年8月）した影響が大きかった。なにしろ、エジプトは世界最大の小麦輸入国だ。エジプトは毎年、ロシアから巨額の小麦を輸入し、国民の糊口をしのいでいた。ロシアが小麦輸出を一方的に禁止し、そこにアメリカの量的緩和第二弾の影響で世界的に食料価格が高騰した結果、エジプトの穀物価格は5倍超にまで跳ね上がり、国民は飢えに苦しむことになった。

穀物価格が5倍になっても、所得の伸びがそれに追いついていれば国民は飢えない。革命も、「民主主義による民主主義の破壊」も発生しない。

ところがエジプトの場合、８０００万人近い人口のうち、何と半分近くの国民が1日わずか2ドル以下で生活している（英「エコノミスト」誌）。しかも、25歳以下の若年層失業率は40％超。所得が少ないどころか、「所得がない」国民が少なくない状況で、そこに物価高騰が襲いかかったとなれば、「革命」が起きない方が不思議である。

ナチス・ドイツは、デフレによるドイツ国民の所得縮小により誕生した。一方、ムバラク政権は国民の所得が物価上昇に全く追いつかない状況で倒れた。
所得の問題とは、究極的には「飢え」であり、生存、サバイバルの話になる。所得縮小や物価高騰で国民が飢えに苦しむ状態になったとき、その国の政権は倒れるのだ。

経済とはつまり所得循環である

所得というものを正しく理解するためのポイントは、

「誰かが働かない限り財やサービスが生産されず、所得は生成されない」

「財やサービスが生産されても、消費や投資として支払いが行われなければ、所得は生成されない」

「消費や投資のための支払いは所得からなされる」

という3点だ。

誰も働かない社会では財やサービスが生産されないため、所得は生まれない（それ以前に、人々が飢え死にするだろう）。誰かが消費や投資をしようとしても、財やサービスが生産されなければ、お金を支払えないのだ。財、特に農産物などの食料が生産されなけれ

所得生成のプロセス

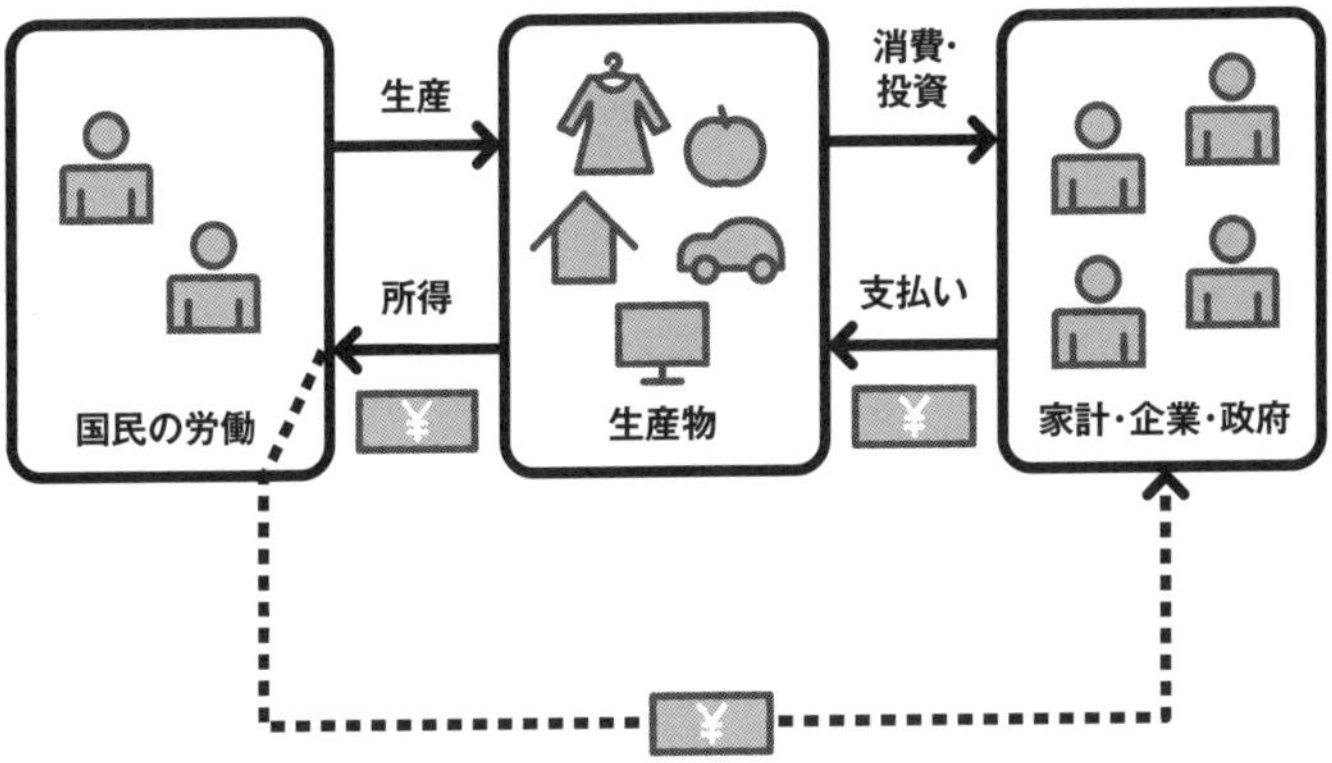

※「生産物」にはモノだけでなくサービスの供給も含まれる

ば、どれだけ「お金」が存在していようが、国民は飢えて死ぬ。

さらにいえば、財やサービスが生産されたとしても、それに対する消費や投資がなされず、所得が生まれなければ、やはり国民は飢え死にする。くどいほど強調しておきたいのは、人間は食糧不足でも死ぬが所得不足でも死ぬ、ということだ。

「生産→支出→所得」

というプロセスが健全に働かなければ、人間社会を健全に維持することはできない。

こうした所得生成のプロセスを「所得循環」と呼ぶ。**経済とは、要するに所得循環の問題なのである。**

国民の労働による「生産（※サービス供給を含む）」の量が足りない場合、家計や企業が消費や投資をしようとしても、「モノやサービスを買いたいが、現実にモノやサービスが存在しない」という状況に陥る。つまり、需要に対して供給されるモノやサービスの量が足りない場合、その国はインフレ率が上昇していく。

そうなると、インフレ率が高騰している国における対策は、「より国民が労働し、モノやサービスを生産すること」である。

国民に、それまで以上にモノやサービスを生産してもらうための方策はいろいろある。規制緩和や民営化によって市場競争を激化させ、国民が「より労働し、生産を増やさざるをえない」状況に追い込む。グローバル化で国内市場を外資系企業に開放し、やはり市場競争激化で生産を増やす。さらに、競争のない（あるいは少ない）農業、医療などの分野で「既得権益の打破」を実施する。これも一種の規制緩和だが、既得権益のもとで生産性を高めるインセンティブが働かなかった国民を、強制的に市場競争に追いたてるわけだ。

規制緩和は強力なデフレ推進策

一方インフレとは逆に、モノやサービスの量が十分であるにもかかわらず、消費・投資という「需要」が不足するのがデフレーションだ。国民が働き、モノやサービスを生産しているのに消費・投資が足りない場合、インフレとは逆に物価が下落していく。

物価が下落すると、当たり前だが前々ページ図における「所得」の名目的な金額が下がっていく。図で示した通り、国民が労働の対価として支払いを受けたものが所得である。物価下落は「所得減少」へと結びつき、家計や企業がモノやサービスを買えなくなっていく。

国民が所得減によりモノやサービスへの消費、投資を減らすと、ますます生産が過剰になる。すると当然物価は下落し、国民の所得が減り、モノやサービスを買えなくなり……、というように、**延々と所得減少の悪循環が続いていくのがデフレだ。**

当たり前の話だが、デフレへの対処はインフレ対策とは真逆になる。

デフレ期に問題になるのは、「生産」ではなく「所得」の不足である。所得の不足は物価下落をもたらす。物価下落がさらなる所得減少を生み出す。国民の所得がひたすら小さくなっていくと、社会的な閉塞感が高まり、先述の通り民主主義の危機を引き起こす。

デフレ期の所得減少は、主に二つの理由からもたらされる。

一つ目は、物価下落により企業の売上が低迷し、人件費という「従業員の所得」が引き下げられることだ。そして、二つ目が失業である。

売上や利益の低迷に苦しめられた企業は、最終的にはリストラクチャリングに追い込まれる。特に、製造業の場合は国内需要の縮小に加え、デフレという「通貨価値の上昇（＝物価の下落）」を原因とした通貨高の直撃を受ける。

輸出競争力を失った企業は、グローバル化を進め、工場を海外に移さざるをえなくなる。だが、すでにギリシャやスペインなどの例を見てきた通り、工場の海外移転が進めば、当然の話として国内の雇用環境は悪化し、国民の所得縮小を加速することになっていく。

つまり、人件費低下にせよ、失業の増大にせよ、国民の所得が減ることに変わりはない。所得が減った国民は消費や投資を増やせなくなり、デフレはひたすら深刻化していくのだ。

デフレ期に企業の業績が悪化し、みんなの所得が減り始めたことを受け、国内では、「農業や医療などの既得権益が問題だ」と国民が叫び始める。すると、政治家も世論に引きずられて、「農業や医療の既得権益を打破する！」などと主張し始める。

だが、医療だろうが農業だろうが、既得権益とやらを「打破」し、外資を入れ、競争を激化させると、廃業する農家や医者が続出することになってしまう。**どんな産業分野であろうが、廃業とは「雇用の喪失」である。**既得権益打破を成し遂げた政治家は国民から喝采されるかもしれないが、所得を稼ぐ術を失った廃業者、失業者たちは消費や投資を減らす。さらなるデフレの深刻化である。

繰り返されてきた「清算」という名の破壊

そして、デフレで建設業や製造業が苦境に陥ると、テレビなどのマスコミで、「ゾンビ企業は潰せ！」などと声高に叫ぶ評論家が出てくる。

国民も、「そうだ！ その通りだ！ ゾンビ企業は退場させろ！」などと同調するかもしれないが、建設業や製造業が倒産すると、やはり失業者が増える。失業者は所得を得られず、国内の所得不足はますます加速していくだけだ。

これは、最近の日本の傾向を書いたものに思えるかもしれないが、実は史上最悪のデフレであった大恐慌期のアメリカや我が国においても、「ゾンビ企業は清算せよ」という声が高まり、実際に清算のための施策が打たれたのだ。

「労働を清算しよう。株式を清算しよう。農民を清算しよう。不動産を清算しよう。そうすれば、システムから不健全なものが一掃され、人々が勤勉に働き、道徳的な生活を送るようになるだろう」

これは、アメリカの大恐慌期にフーバー政権で財務長官をつとめたアンドリュー・メロンの言葉だ。また、日本のデフレを深刻化させた濱口雄幸内閣の大蔵大臣井上準之助は、高橋是清に以下のように語っている。

「濱口君と話し合ってみると、現在の財界を匡正するためには緊縮財政によりいじめつけて金解禁をしなければならぬという事に意見が一致したので、大蔵大臣を引き受ける事になった」（『随想録』高橋是清著）

井上は、第一次大戦以降に官民挙げて消費が過剰になり、無駄づかい、濫費が横行している。バブルの清算が不十分だから日本がデフレから脱却できない、と主張したのだ。

フーバー政権も濱口政権も、企業に清算という名の合理化を強制しつつ、政府の節約、すなわち緊縮財政という最悪の政策を打った。１０３ページの図でいえば、政府の消費（医療費、公務員給与、防衛費、教育費など）や投資（公共投資）を削減し、「政府自ら節約を心がけることで、民間に範を示した」のである。当たり前だが、政府が消費や投資のための支出を減らすと、国民の所得は間違いなく減ってしまう。政府の消費であれ投資であれ、誰か（主に企業）の所得になっているのだ。**政府の緊縮財政とは、イコール「民間の所得減少」なのである。**

政府が公共事業を減らせば、建設会社や資材会社の所得が減る。医療費を削減すれば、病院や医師、看護師、医薬品会社、医療機器メーカーなどの所得が減る。公務員給与のカット（あるいは公務員削減）は、もちろん公務員の所得縮小だ。

間違った〝治療〟を受け続けている日本経済

このような「清算主義」の結果はどうだったのか。

結論を書いてしまうと、メロン財務長官や井上大蔵大臣の政策は、ただでさえ所得不足に陥っていた日米両国の経済を、さらなるデフレの泥沼へ突き落としただけだった。

考えてみれば当たり前で、大恐慌期の日米両国の企業は、別に売上拡大のための努力を怠っていたわけではない。むしろ、デフレで業績が悪化していくなか、各企業は懸命に合理化を追求し、労働者を減らし、生産性を高め、生き残りのための企業努力を続けていた。

だが**国民全体の所得が減っていくデフレ期には、企業が合理化や生産性向上を追求しても状況は改善しない**。それどころか、合理化をすればするほど失業者が増え、従業員の給与水準が下がり、所得減による消費、投資の縮小を後押ししてしまう。

そこに政府まで消費や投資を減らす緊縮財政を実施したわけだから、デフレが深刻化して当たり前だ。民間の消費や投資が減っている状況で、政府が緊縮財政に走ると、その国は、「消費や投資を増やす人が、誰もいない」という状況になってしまう。

結局のところ、ポイントは「所得生成のプロセス」において、どこが問題になっているのかをきちんと把握することなのだ。インフレ期には「生産」の部分が問題になり、デフレ期には「所得」の部分に問題が生じる。

医療サービスを例にとると、インフレとデフレは肥満症と栄養失調くらい異なっている。**デフレ期に数々のインフレ対策を提案する人は、デフレという「所得失調（栄養失調）」に陥っている患者に、「ダイエットですよ！　所得を減らしましょう！」などとアドバイスしているに等しい。**要はヤブ医者だ。

所得の減少は失業に直結する

デフレとは「所得の問題」であり、同時に「雇用の問題」でもある。国民は別にサボっているわけでも何でもなく、デフレによる所得減をカバーしようと懸命に働く。それでも所得が増えず、むしろ次第に減少していってしまう。

減少しているとはいえ、所得がある人はまだマシで、企業の合理化推進や「既得権益の打破」、あるいは政府の緊縮財政により失業する人が増え、彼らは最終的には飢える。**デフレで直撃を受けるのは雇用なのだ。**

筆者は昨今、経済や経済政策をテーマにしたテレビの討論番組に出演する機会が増えて

きた。出演している政治家や評論家たちは、相変わらず、

「公務員を削れ！　行政改革を実現しよう」

「既得権益を潰せ！　農業や医療などの既得権のせいでこんな状況になっているのだ」

「公共事業はムダだ！　バラマキだ！　まだまだ削れる」

「ＴＰＰに早く加盟しろ！　何しろ、ＴＰＰに参加すれば物価が下がる」（※本当にこう主張したＴＰＰ推進派がいる）

などと素っ頓狂な「インフレ対策」ばかりを主張している。そこで筆者が、

「ちょっと待ってください。みなさんの主張はナンセンスです。なにしろ、公務員削減も既得権益の打破も公共事業削減もＴＰＰ参加も、すべてインフレ対策ですよ。デフレ下であなた方がいう政策を実施すると、失業者が増えます。失業者は所得を得る術を失い、最終的には飢えるんですよ。それがわかっているんですか？」

と聞くと、討論の場はシーンと静まり返る。面白いので、味を占めた筆者は、討論が各種のインフレ対策で盛り上がるたびに、大声で、

「ちょっと待ってください。皆さんがおっしゃっていることはナンセンスです」

と言っている（そうした場面はほとんどカットされ放映はされないが……）。それだけ

デフレの意味を理解していない政治家や評論家が多いということで、笑える話ではないわけだが。

不毛な「世代間闘争」が生まれる背景

インフレという物価上昇は、国民全員に負担を強いる。日本国内でモノやサービスを購入、すなわち消費や投資をする限り、誰一人としてインフレの影響から逃れることはできない。それはたとえ政府や外国人でも同じだ。

それに対し、**デフレの負担は「所得が下がっている人」に集中してしまう**。失業した人、あるいは企業の人件費削減の影響を受けた人など、日本国民全体から見れば一部の人々にのみ、負担が重くのしかかる。

デフレ期の負担は失業者や所得が減少した人に「重い」。インフレの場合は、日本国民のすべてが「広く、薄く」負担を引き受けることになるが、デフレ期には、負担は所得がなくなった人、減少した人に「狭く、濃く」集中してしまう。

そもそも、デフレで物価が下落する状況とは、所得が変わらないか、もしくは増大して

デフレ期の負担は失業者・所得減少者に集中する

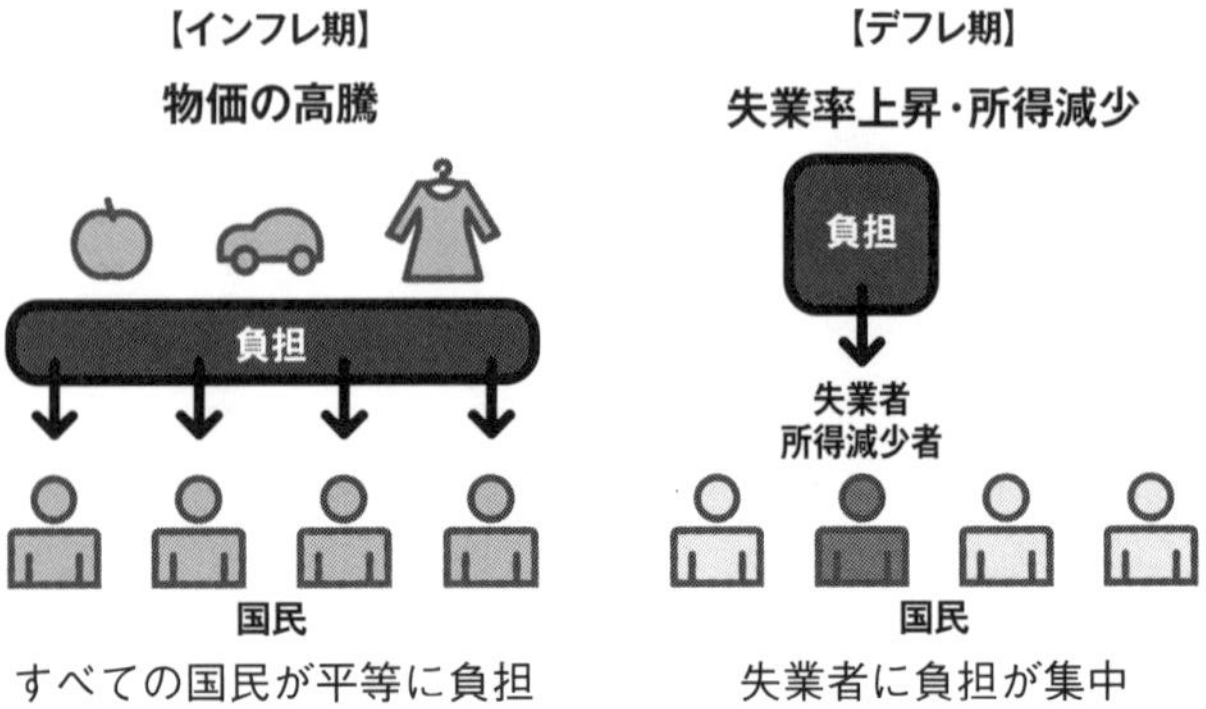

いる人にとってはむしろうれしい話である。なにしろ、自らが稼ぐ所得により「購入できる財やサービス」が日に日に増えていくのだ。

とはいえ、そんな人が明日には失業者になるかもしれない。将来においても、自分が稼ぐ所得が増えていくとは誰にも断言できないのがデフレ期なのだ。

「公務員や年金受給者はデフレでも所得が減らないじゃないか！」

と思われた読者がいるかもしれない。しかし、公務員の給与は政治や人事院の勧告により減額される。また、年金支払額はマクロ経済スライド方式になっているため、デフレ期は低めに調整される。

たしかに、公務員給与や年金支払額は民間の給与減少のペースに比べて緩やかだ。その結果、民間の給与水準と公務員給与、年金支払額には、日が経つにつれて差が生じる。民間の給与水準の下落ペースに公務員給与などの削減ペースが追いつかないのだ。

結果的に、所得下落の直撃を受けた民間の人々の怨嗟の声が高まり、

「公務員の給与も自分たち並みに引き下げろ！」

という、ルサンチマン丸出しの叫び声が国内に満ち溢れることになる。

公務員は、「給料泥棒！」とののしられ、年金受給者は「若い世代は年金を払い損になる。高齢者世代は若者に比べて得をしている。高齢者を許すな！」

といった、階級闘争さながらの「世代間闘争」が勃発し、民主主義崩壊への地ならしがなされるというわけである。

デフレの負担は「負け組」に押しつけられる

落ち着いて考えれば、公務員給与の支払いとは政府の消費の一部である。公務員を削減する、あるいは公務員給与を削減することは、103ページの図の「消費・投資」を小さ

くしてしまう政策だ。政府の消費が減れば需要が減るわけで、デフレは間違いなく深刻化する。

あるいは、世代間闘争に若者側が勝利し、高齢者の年金を削減することに成功したとしよう。その場合、高齢者の消費は間違いなく減る。結果的に、やはり「消費・投資」が削り取られて需要が減る。

デフレの負担を押しつけられた一部の国民が他者を悪者に仕立て上げ、公務員や年金受給者の所得を強引に引き下げても、状況が悪化するだけだ。

筆者は公務員でも年金受給者でもないので、正直、彼らの所得が上がろうが下がろうがどうでもいい。だが、デフレの深刻化で「負け組」が「安定的に所得を得ている人々」を引きずり下ろし、それによって日本国内の民主主義が壊れ、さらにデフレが深刻化するのは勘弁してほしいと考えている。

中長期的に考えれば、結局のところ「デフレの負担」にしても、国民全員が背負うことになってしまうのだ。

国内で階級闘争さながらの足の引っ張り合いをやっている暇があるなら、政府に対して

「正しいデフレ対策を実施しろ！」と訴える方が絶対にいい。日本経済が健全なインフレ率を取り戻せば、国民全体の所得が増えていく。

この場合、公務員給与や年金受給者の所得の増加ペースは民間の給与水準の拡大ペースに追いつかない可能性が高い。

日本がデフレから脱却し、5年もすれば民間の給与水準が公務員のそれを追い抜く。今度は公務員側が、

「自分たちはお国のために働いているのに、何で民間のサラリーマンたちの給与は自分と比べてあんなに高いんだ……」

という、逆方向のルサンチマンを抱くことになるだろう。実際、バブル期には民間の労働者が高給を得るなか、公務員は相対的な安月給に苦しめられ、憤懣やるかたない気分で日々の業務をこなしていたのだ。

「国民が一定期間に稼いだ所得」がGDP

インフレとデフレの負担について、さらに一つ重要な論点がある。それは、デフレが

「所得減少」を、インフレが「資産減少」をもたらすという問題だ。所得とはフロー（流れ）であり、資産とはストック（蓄積）である。

経済におけるフローとは、一定期間（月、四半期、年など）における所得金額を示す。たとえば、企業のビジネス活動の「フロー」は損益計算書で示される。

問題はマクロ的な経済、すなわち「国民経済」である。国民経済における所得とは、はたしてなにを意味するだろうか。

断っておくが、ここで問題にしているのは「国民経済全体における所得」であり、「政府の所得」ではない。政府の所得の状況は、税収などの「歳入」から公務員給与や医療費の支払い、公共事業費、年金などの所得移転としての「歳出」を差し引くことによって示せる。財務省が毎年発表する「一般会計予算」の報告書こそ、政府の所得すなわちフローである。

では、家計、企業、政府などすべてを含んだ「国民経済全体」における所得とは、一体なんだろうか。答えを先に書いてしまうと、ＧＤＰ（国内総生産）である。

１０３ページの図の所得生成のプロセスをあらためて見てほしいのだが、国民が働き、生産された生産物（サービス含む）、生産物に対する支払い（消費・投資）、そして生み出された所得の金額は、すべて一致する。国民経済においては、フローを意味する所得と「生産物の金額」および「消費・投資としての支出金額」は必ず一致するのだ。

一国内の一定期間（月、四半期、年など）に生み出された生産物、いわゆる「付加価値」の合計金額を「国内総生産（GDP）」と呼ぶ。

そして生産物が生み出された以上、必ずそれらに対して消費もしくは投資としての支払いが行われている。というより、支払いが行われなければ生産物の金額は決定しない。

一国内の一定期間に消費もしくは投資として支払われた金額の合計は、「国内総支出（GDE）」と呼ばれる。消費や投資として支出されているということは、必ずお金を支払う対象として財やサービスが「生産」されているはずだ。

というわけで、「国内総生産（GDP）＝国内総支出（GDE）」ということになる。

さらに、生産と消費、投資が行われているということは、必ずその金額分、「誰か」の所得が生まれているはずである（普通は企業の所得）。

一定期間の国内の所得の合計は、「国内総所得（GDI）」と呼ばれる。当然、国内総所得は国内総生産、国内総支出と金額が一致する。

「国内総所得（ＧＤＩ）＝国内総生産（ＧＤＰ）＝国内総支出（ＧＤＥ）」だ。

生産面からみた国内総生産、支出面から見た国内総支出、そして所得の分配面から見た国内総所得の三つは、統計的に１００％同一金額となる。これを「ＧＤＰの三面等価の原則」と呼ぶ。

ＧＤＰがＧＤＩ（国内総所得）と必ず同じ金額になる以上、

「ＧＤＰは国内全ての経済主体（企業、家計、政府など）の所得の合計である」

という説明が可能なわけだ。つまり、国民経済のフローの金額はＧＤＰになる。

別の言い方をすると、**国民が一定期間に稼いだ所得を「すべて足し合わせたもの」がＧＤＰなのだ。**

所得が生まれる根源的な仕組み

次に、経済活動のストックである「資産」（あるいは「財産」）について解説しよう。資産とは、家計や企業、それに政府などの経済主体が「保有する経済的価値があるもの」の総称だ。そして「経済的価値があるもの」は、ずばり金額で価値を示すことが可能だ。たとえば、読者が趣味で描いた素晴らしい絵画があったとしよう。その絵が読者にとってどれほど価値があっても、経済的には「資産」としては認められない。なにしろ、価格がついていないわけだ。

逆に、もし読者が画商から１００万円の絵画を買ったとすると、値段がついていることでその絵画は資産として認定される。「１００万円の資産」というストックを保有しているというわけだ。

読者が絵画を１００万円で買ったということは、誰かがその絵を描いたことになる（当たり前だが）。プロの画家が絵を描くという行為も、もちろん「労働」に含まれる。

プロの絵描きが絵画を描き（労働）、それを画商が80万円で仕入れ、読者に１００万円で販売した――。この場合、画家が80万円分の「絵画」という生産物（付加価値）を生み出し、さらに画商が「絵を販売する」というサービスで20万円の付加価値を創出した。そして、読者は絵画に対して１００万円を「消費」として支払った。

結果的に、日本全国で１００万円分の「生産物＝所得」が新たに生成されたことになる。すなわち、一連の経済行為により、日本国内のＧＤＰは合計で１００万円分増えたわけだ。

100万円の絵画販売に関する損益計算書

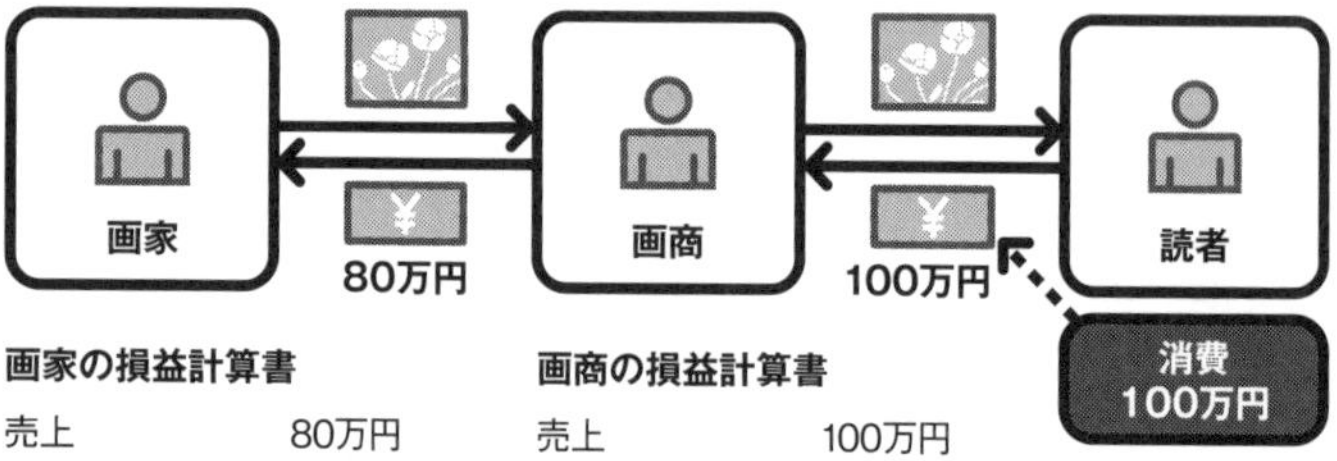

画家の損益計算書

売上	80万円
売上原価	0円
粗利益	80万円
その他の費用	0円
純利益	80万円
	↑画家の所得

画商の損益計算書

売上	100万円
売上原価	80万円
粗利益	20万円
その他の費用	0円
純利益	20万円
	↑画商の所得

※両者の損益計算書において、実際には売上原価以外にも費用が掛かっているが、上記はシミュレーションであるため省略した。

このとき、画家と画商それぞれの損益計算書は上図の通りとなる。

画家の「生産物＝所得」が80万円、画商が20万円。

「生産物＝所得」の合計金額が100万円。

読者が「消費」として支払った金額が100万円。

生産物、所得、消費の金額は、それぞれ「日本の国民経済の所得」として、生産面のGDP、分配面のGDP、そして支出面のGDPに統計される。三つのGDPは「三面等価の原則」の通り、同一金額になるわけだ。

さて、この取引を終えた時点で、読者の手元に100万円の絵画がある。これは先述の通り、読者のストック（資産）として残り続ける。読者は絵を買ったことで、100万円の絵画という資産を保有するわけだ。

また、絵画購入のために支払った100万円は、もともと読者の手元に存在した「100万円の現金」という金融資産である。現金という金融資産にしても、ストック（資産）の一部になる。読者は100万円の絵画という資産と、同額の「現金という金融資産」というストック同士を交換したわけだ。

消費が消費を生むことで経済は回る

各経済主体（家計、企業、政府など）のストックの状況を示す指標を、貸借対照表（バランスシート）と呼ぶ。バランスシートについての細かい説明は省略するが、大まかに説明しておくと、「箱」の真ん中に線を引き、左側（借方）に資産を、右側（貸方）に負債および純資産を計上するものだ。

次ページの図の通り、画家が絵画を描く前は、読者のバランスシートの借方に「100万円の現金」という金融資産だけが計上されている。画家も画商も、1円の財産（負債を

絵画販売前の画家、画商、読者のバランスシート

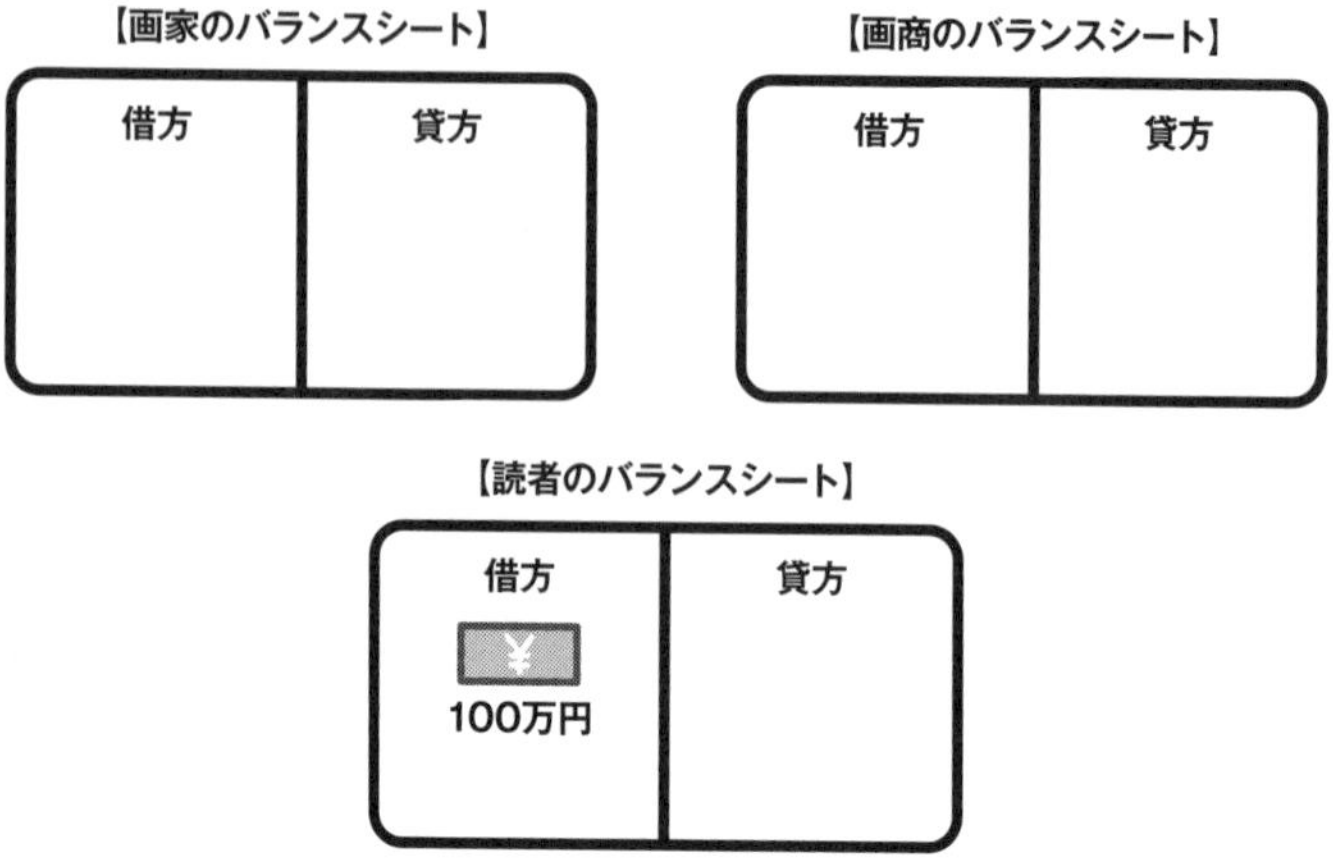

含む）ももっていない。もちろん、現実にそんなことはありえない。あくまでシミュレーションとして、ご理解いただきたい。

上図の通り、画家が「絵を描く」、画商が「絵を買いつけ、販売する」という形で「労働」をした結果、それまでこの世（バランスシート）に存在していなかった絵画という製品が誕生し、最終的に読者のバランスシートの借方に資産として残る（当たり前だが、食料品などの消費の場合、読者のバランスシートには何も残らない）。

もちろん、読者が保有していた１００万円は、消費（絵画購入）したからといってこの世から消えるわけではない（「お金は使うと消える」と勘違いしている人が多すぎる）。

絵画販売後の画家、画商、読者のバランスシート

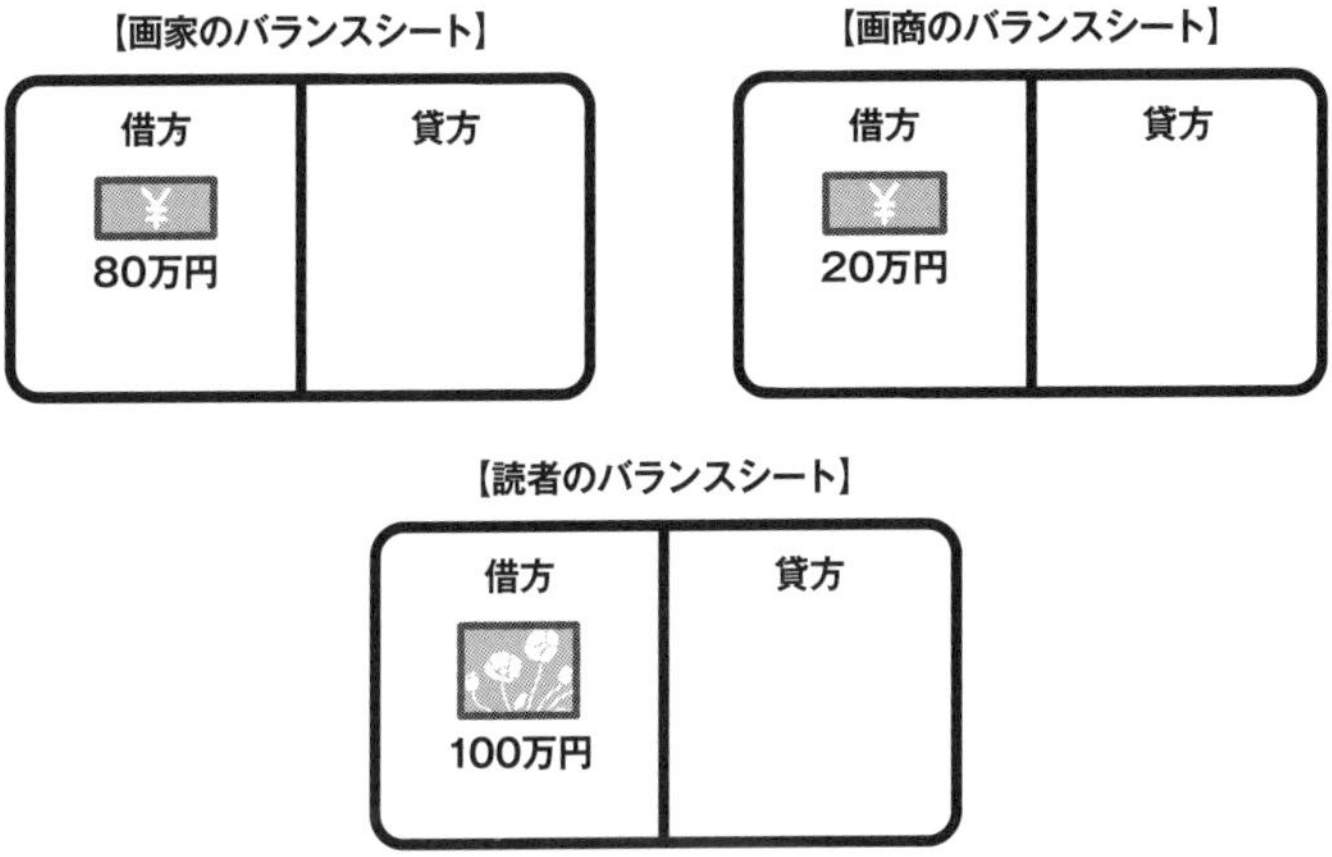

現金１００万円は、画家および画商のバランスシートに「所得の金額分」だけ移動したにすぎない。

すでにご理解いただけたかと思うが、所得生成のプロセスで生み出されたモノやサービスは、「それまでこの世に存在していなかった」ものだ。**製品やサービスが国民の労働により誕生し、支払いが行われることで所得が生成されるわけだ。**

この例でいえば、画家が「絵を描くという労働」をしなければ、あるいは画商が「絵を買いつけ、販売する」というサービスを供給しなければ、読者は１００万円の消費を行うことはできなかった。すなわち誰の所得も増えず、日本のＧＤＰは１円も増えない。

さて、読者が消費（絵の購入）をしたことで現金100万円が画家、画商に所得として分配されたわけだが、話はここで終わらない。その後、画家が手元にある現金から20万円を「画材購入」に費やすと、画材という製品の販売（製造、流通、小売りなど）に関連したすべての関係者の所得が合計20万円分増える。

また、画家が手元の現金を用いて居酒屋で飲み食いすると、「飲食サービス」に関連した関係者たちの所得も増えていく。

以上のように、フローである所得とストックとしての財産は異なる存在だが、互いに影響を与え合っている。所得生成のプロセスが動いたとき、必ずストックにも影響を与えているのだ。

逆に、ストック（特に現金や預金などの金融資産）が存在しなければ、貨幣経済において所得を生成することはできない。

所得としてのフローと、現預金や絵画などの資産、ストックが互いに影響を与え合い、お金や生産物、サービスが交換され、財産として保有され、そこからまた所得が生み出される。こうした**フロー、ストックの「流れ」と「蓄積」で国民経済は成長していく。**

「再チャレンジ」が可能だったインフレ期

先ほど、「インフレは国民全員に負担を強いる」「デフレの負担は失業者や所得が下がっている人に集中する」と書いた。

負担という点に着目すると、インフレ、デフレにはさらに一つ、決定的な違いがある。すなわち、**インフレはストックに、デフレはフローに負担を与えるのだ。**

会社員である読者が、給料日に30万円の給与所得を得ているケースで考えよう。給与所得のうち5万円を社会保険料や所得税、法人税として政府に徴収されると、可処分所得（手取り）は25万円になる（社会保険料や税金は、読者から政府への所得の移転）。

25万円の手取りから、読者は生活のために20万円を使い、残り5万円を銀行預金にしたとする。読者のストック（銀行預金）は5万円増えるわけだ。

そのとき、日本が毎年10％のインフレだとすると、読者の銀行預金5万円は翌年には実質的に4万5000円に目減りしてしまう。名目的な金額は5万円のままだが、そのお金で買えるモノやサービスが、1年前の4万5000円分と同じになってしまうわけだ。

つまり、銀行預金5万円というストック（金融資産）の「実質的な価値」が、インフレで10％下がってしまうことになる。しかも、**インフレによるストックの実質価値の下落は、日本国にいる以上、誰も逃れることができない。**

金融資産を保有している人全員が、実質的価値の目減りによる打撃を被るのだ。

しかし、通常インフレ期には給与所得が増えていく。インフレで会社の業績が伸び、読者の給与が35万円になるかもしれない。あるいは、40万になる可能性もある。すなわち、「給与所得（フロー）は増えるが、銀行預金という資産（ストック）は減る」という状況に陥るわけだ。

もちろん、インフレ期には誰もが所得を増やせるわけではないが、少なくとも給与上昇の確率はデフレ期に比べて格段に上がる。また、健全なインフレ率に恵まれた好景気には企業投資が拡大するため、倒産企業に勤めていた失業者でも再就職の機会に恵まれる。

たとえば、日本にとってもっとも近い本格的な好景気だった1985年から1990年までのバブル期でも、企業に解雇され失業者になった人や事業に失敗した経営者はいた。しかし、彼らの目の前にはいくらでも再チャレンジの機会が転がっていたのだ。

経営していた企業が倒産して負債を抱えてしまった人でも、たとえば当時は高賃金だった長距離トラックのドライバーとしての職を得て、死にもの狂いで働き、自らの労働で借金を返済することができた。好景気そのものが、一種のセーフティネットの役割を果たしていたわけだ。

ところが、デフレとグローバリズムの広がりに苦しむ現在の日本は、民間の雇用がセーフティネットとしての役割をはたせず、「国家のセーフティネット」に頼る人が、ひたすら拡大していっている。

つまり、生活保護受給者の拡大だ。

2012年5月時点で、生活保護を受給している人は211万人を超えている。受給者世帯数も153万世帯超で、共に史上最多だ。特に、失業などを理由に比較的若い世代の生活保護受給が増えているのは憂慮すべき事態だ。

なぜ諸外国が日本国債を買い始めているのか

インフレ期にはフロー(所得)が拡大するが、それと引き換えに、ストックをもつ国民は物価上昇（＝通貨価値下落）による金融資産の目減りを受け入れなければならない。もっとも、インフレになれば普通は預金金利が上昇していくため、インフレによる目減り分もある程度はカバーされる。

逆に、日本が1年間の物価下落率マイナス10％という「超デフレ」の状態にあった場合、読者のフローである給与所得は減少していく可能性が高い。なにしろ、デフレ下では企業が「同じ製品」を「同じ数量」販売したとしても、物価やサービス価格の下落のために売上が下がるからだ。そんななかで給与水準を上げてくれる企業はまず存在しないため、必然的に従業員の所得も縮小していく。さらに、企業の純利益から「配当金」という形で所得再分配を受ける株主の所得も小さくなっていく。

だが、デフレ期でも売上や純利益を増やす企業は存在する。デフレ期にもかかわらず経営が良好な企業は、従業員給与を引き上げ、毎半期ごとに配当金を支払うことも可能だ。

そういう意味で、先ほど解説した「インフレは国民全員に負担を強いる」「デフレの負担は失業者や所得が下がっている人に集中する」は、フローやストックに注目した場合でもそのまま適用される。

インフレによる金融資産の実質的目減りからは誰も逃れられないが、デフレ期の所得減

インフレ期とデフレ期のフローとストック

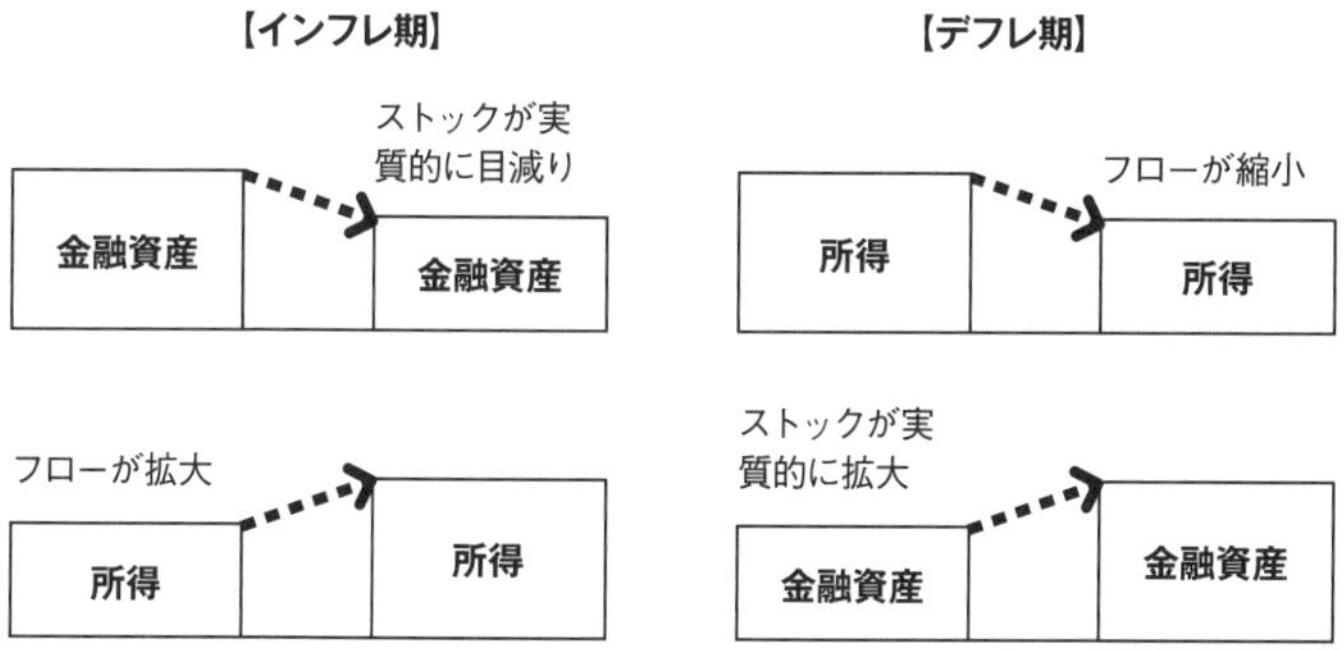

少を回避することは（場合によっては）可能だからだ。

現在の日本円の為替レートが高めを維持しているのは、デフレで通貨の実質的な価値が高まっているためだ。外国人が保有する金融資産の運用先（貸付先）を考えたとき、極東に「何もしなくても、通貨価値が高まる」経済大国が存在していたというわけである。

そうなると外貨から日本円への両替が増え、円高が続いて当たり前である。中長期的に見ると、**円高は我が国のデフレが解消しない限り決して収まることはない**。そうである以上、外国人投資家が日本に投資をしたとき、為替差損を被る可能性は低い。

「なにもしなくても通貨価値が上がり、為替差損もない」のだから、金利がわずかに0・74％（2012年11月現在）にすぎない十年物の日本国債を、外国の中央銀行が外貨準備の運用先として選ぶ傾向が強まっても無理はない。

昨今、日本国債の所有者に占める外国人の割合が大きくなっているが、諸外国の中央銀行が自国の外貨準備を日本円建ての日本国債で運用し始めているためなのだ。

格差が社会の閉塞感をもたらす

外国人に限らず、デフレの国では金融資産の保有者が「得」をする。そして、その反対側には、所得減少により苦しむ人々が増えていく。

整理すると、フロー面では、

「インフレ期には多くの国民が所得拡大の恩恵を受けるが、デフレ期には所得縮小や所得喪失（失業）に直面する一部の人に負担が集中する」

となり、ストック面では、

「インフレ期には金融資産保有者は実質的な資産価値の目減りに直面するが、デフレ期には金融資産保有者は実質的な資産価値上昇により得をする」

という話になるわけだ。

普通に考えて、デフレ期に所得が思うように上がらず、むしろ低下している人々、あるいは失業者たちは、金融資産というストックをそれほど多くもっていないだろう。あるとしても、なにしろ所得不足である以上、日々貯蓄を取り崩していかざるをえない。

一方、デフレという通貨価値上昇（＝物価下落）により得をしている人はいる。さらに、デフレが進行しているにもかかわらず、所得を着実に増やしている人もいる。

デフレ期にはストック面、フロー面の双方で「格差」が拡大しやすい。結果的に、失業者や低所得者層が金融資産保有者、あるいは所得減少に見舞われない人々に対し恨みを抱き、社会に閉塞感が広がってしまう。

そうなると、先述した公務員や年金受給者だけでなく、生活保護受給者にまで怒りの矛先が向けられる。いわく、

「俺たちは懸命に働いているのに、生活保護受給者の所得の方が多いとはどういうことだ。あいつらの所得を減らせ！」

というわけだ。

だが、たとえばバブル崩壊時（1990年）の生活保護支給額が15万3674円だった

のに対し、当時の最低賃金は548円にすぎなかった（東京のケース）。時給548円では、1日に8時間、月に25日働いても月収は11万円に満たない。当時から、日本の最低賃金は生活保護支給額を大きく下回っていたのだ。

とはいえ、当時は誰も生活保護支給額の高さに目くじらを立てることはなかった。なにしろ、好景気で高給の職がいくらでもあったのだ。

単なる不景気では生まれない「格差」の正体

戦後の日本では興味深い現象があった。1946年のインフレ率は全国平均で400％台になり、東京では500％を上回った。500％超のインフレ率とは、1年間に物価が6倍超になることを示している。

インフレ率がこれほど高くなると、当時の日本国民が保有していた金融資産の価値は暴落する。筆者は「日本破綻論」を主張する人に対して、「自国通貨建て国債のデフォルト（債務不履行）はありえない」と説くが、すると途端に、

「戦後の日本では国債が紙切れになった！　自国通貨建てといえども政府は破綻する」

1941年－61年における東京の小売物価変動率（対前年比）

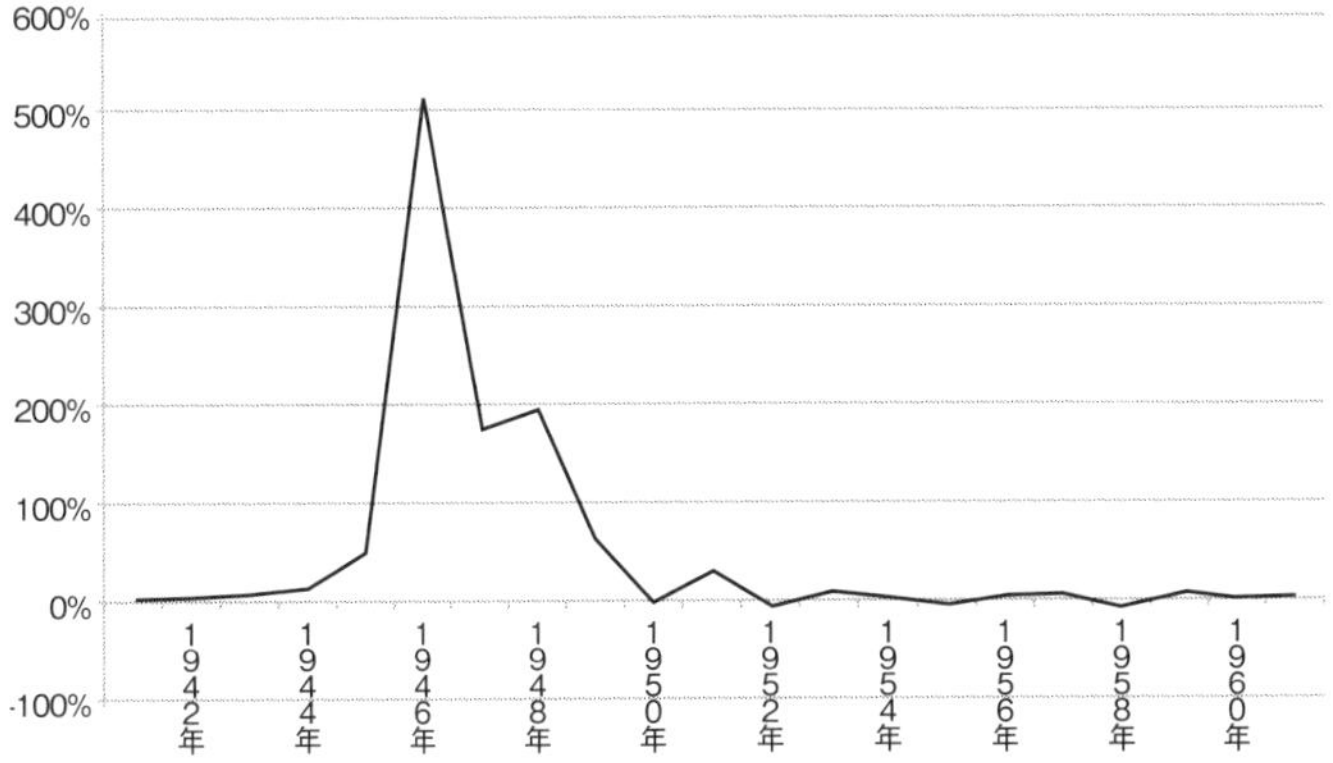

出典：消費者庁

と反論してくる人がいる。もちろん、自国通貨建て国債がデフォルトすることなどありえないが、彼らの言う「国債が紙切れになった」は、表現が極めて曖昧ではあるものの、間違っているわけではない。

なにしろ、日本国民が保有していた日本国債の実質的な価値が、わずか1年間で5分の1、6分の1になったのだ。「紙切れになった」という表現にいささか誇張はあるものの、方向的には間違っていない。

だがここで重要なポイントは、高いインフレ率で金融資産（国債など）の実質的な価値が暴落したにもかかわらず、日本国民は一人として暴動を起こそうとしなかったという事実である。なにしろ、**インフレ率上昇による**

金融資産の実質的価値暴落は誰も逃れられない。金融資産をもっている限り、全員が同じように「ひどい目」にあうということであり、国民の間に「格差感」は生まれない。

金融資産を多く所有している人とは、要するに「お金持ち」だ。お金持ちの人々は資産喪失というダメージを受けるが、一般国民の所得獲得の機会は増えていた。なにしろ、終戦直後の日本は「足りないものだらけ」で、雇用の場はむしろ広がっていたのだ。

戦前からもともと先進国だった日本には、れっきとした建設産業、製造業などの企業が存在していた。民間企業が「国民の需要」を満たすために動き出した結果、人々が雇用され、所得獲得の機会を得て、我が国はまたたく間に供給能力を高め、インフレ率は劇的に下がっていった。わずか5年後の1950年には、日本の国民経済はインフレを抑制し、物価上昇率はむしろマイナスになったのだ。

さらに、バブルが崩壊した1990年以降の日本では多くの企業が資産暴落に直面し、1946年以降と同じように財産を実質的に失った。しかし、当時の日本人に格差感が生まれたかというと、そうはならなかった。

格差感は資産の価値減少ではなく、デフレ深刻化によって所得が下がることで高まっていった。国民の格差意識が大きくなり、国内に閉塞感が満ち溢れ、民主主義が破壊されるのは、インフレ期ではなくデフレ期なのだ。

現代に通じる高橋是清の至言

1998年来、すでに14年間も続く長期のデフレにより、日本国民の所得は拡大せず、名目GDPは延々と横ばいを続けている。ついに、GDPの規模で中国に追い抜かれてしまった。もちろん、GDPとは「国民全体の所得」であり、各日本国民の所得が中国人民に抜かれたという話ではない。しかし、デフレで所得が増えない状況は大変な問題だ。

こうした状況で、2012年4月、筆者は大きな衝撃を受けた。なんと、この年に新入社員となった新卒社員の初任給が、筆者のそれとほぼ同じ金額だったのだ。筆者が初任給を受け取ったのは20年ほど前のことになる。

次ページの図は、日本の名目GDPについて、支出面の金額をグラフ化したものだ。

先述したGDP三面等価の原則により、支出面、分配面（所得）、生産面のGDPの金額は必ずイコールになる。見ておわかりだと思うが、日本の名目GDPは1998年のデ

日本の名目GDP（支出面）の推移

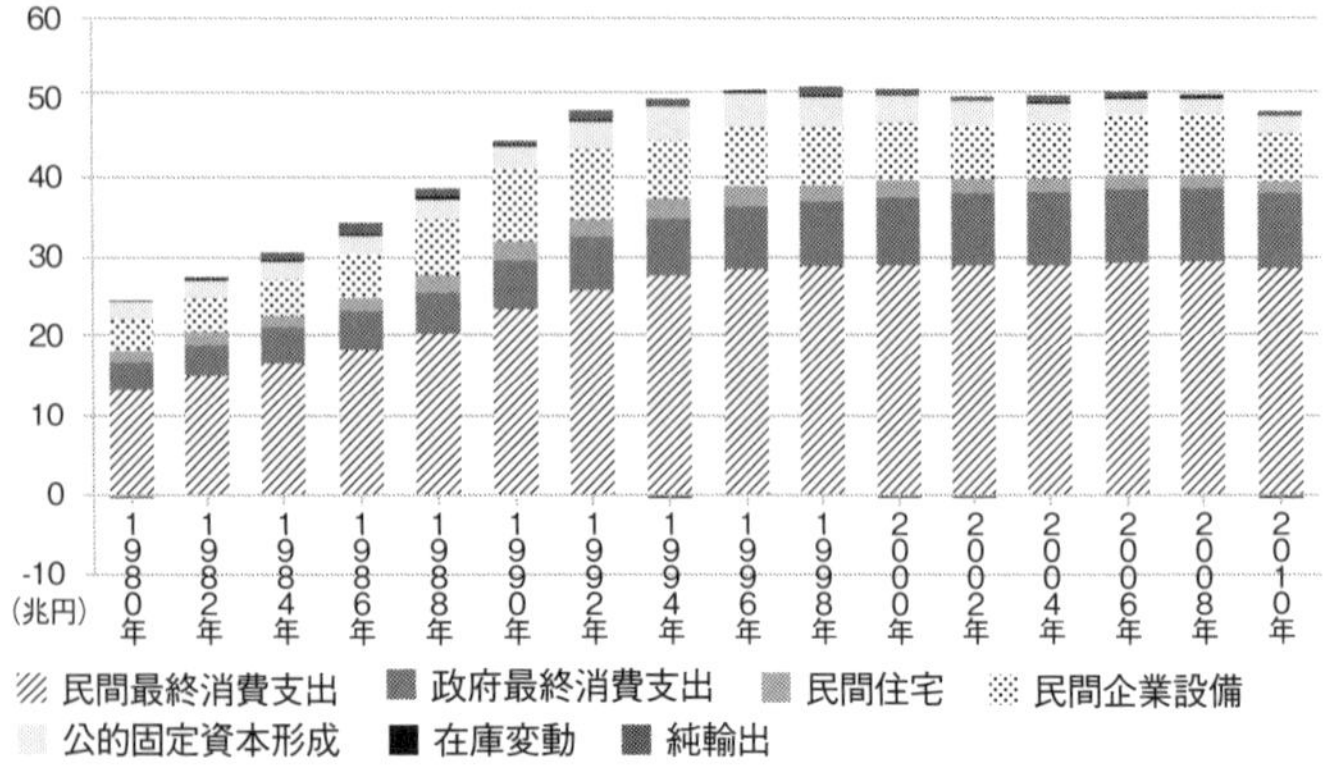

出典：内閣府

フレ深刻化以降、まったく増えていない（むしろ減っている）。

GDPについて考える際には、大きな「所得のパイ」を思い浮かべるといい。たとえば日本国民が一年間働いてさまざまな製品やサービスを生み出し、各人が所得（要するに年収）を得たとき、各人の「一年間の所得」をすべて合計したものが、「日本国民全員の所得のパイ」、すなわち名目GDPになるわけだ。

経済成長とは、この所得のパイを大きくすることを意味する。もちろん、企業や個人といったミクロな経済主体と国家というマクロな存在とでは、経済成長の意味が異なる。

企業や家計にとっての経済成長が自らの純

利益や給与所得を増やすことなのに対して、**国家にとって経済成長とは、「国民全体の所得（GDP）を増やすこと」になる。**

この違いは決定的に重要だ。なにしろ目的がまるで違うのだから、とるべき手段や「手段の是非」も異なる。

前回のデフレ期である昭和恐慌から日本経済を救った高橋是清は、個人（企業）の経済と「国の経済」を混同する政治家たちに腹を立て、以下の言葉を残している。

緊縮という問題を論ずるに当たっては、先づ国の経済と個人経済との区別を明らかにせねばならぬ。

たとえばここに一年五万円の生活をする余力のある人が、倹約して三万円を以て生活し、あと二万円はこれを貯蓄する事とすれば、その人の個人経済は、毎年それだけ蓄財が増えて行って誠に結構な事であるが、これを国の経済の上から見る時は、その倹約に依って、これまでその人が消費しておった二万円だけは、どこかに物資の需要が減る訳であって、国家の生産力はそれだけ低下する事となる。ゆえに国の経済より見れば、五万円の生活をする余裕のある人には、それだけの生活をして貰った方がよいのである。

(『随想録』高橋是清著・中公クラシックス)

この文章で是清が「国家の生産力」と呼んでいるものが、まさに国内総生産（ＧＤＰ）である。国内総生産と国内総支出（ＧＤＥ）、それに国内総所得（ＧＤＩ）が必ず一致するという三面等価の原則は、是清も当然理解していた。

民間がお金を使わないデフレ期に、政府まで「緊縮！」「節約！」とやっている状況に怒りを覚えた是清は、

「国の経済と個人経済を一緒にするな！　個人経済にとって蓄財はよいことだが、国の経済から見ればちっともいいことではない。なにしろ、ＧＤＰ（当時はＧＮＰ）がその分減るんだぞ。民間が消費や投資を増やさない環境で政府まで金を使わなければ、国家のＧＤＰはますます減る。それは国民の所得が減るという話だ。わかっているのか！」

と、「国の経済」と「個人経済」を混同する政治家たちをたしなめていたわけだ。

この是清の言葉は、今の日本人の気持ちにも響くメッセージを含んでいる。１９９７年

からの長期のデフレで名目GDPが拡大しなくなり、さらに2008年のリーマンショック以降はそれがますます深刻化。GDP成長率はマイナスになってしまった。それにもかかわらず、日本政府は「節約」に走り、国民全体の所得を抑えつけている。

日本国民全体の所得である名目GDPが20年前から増えていないとすれば、筆者の時代と現在の初任給が同水準だったとしても、別に不思議でも何でもない。

しかし、**このような奇妙な状況に陥っているのは、世界中を探しても日本くらいのものである。**我が国の経済は、不可解な現在地へと迷い込んでしまっているのだ。

第４章　日本経済を大復活に導く〝お金の好循環〟

所得を生み出すお金は「常に」ある

前章では、世界的にも唯一と言っていい奇妙な状況に陥ってしまった我が国の現在地を検証してきた。いったいなぜ、経済成長すなわち所得の拡大を達成してデフレから抜け出すことができずにいるのか。この第4章では、そんな疑問について考えていきたい。

国民経済というマクロなステージで、たとえば国民が労働によって1年間にモノやサービスを合計100兆円生産し、消費、投資として支払いを受けたとしよう。この場合、日本国のGDP、つまり国民全体の「所得のパイ」は100兆円だ。

ここから技術開発が進む、もしくは国民が1年前より懸命に働いて生産性が高まり、今年は110兆円分のモノやサービスが生み出されたとする。その場合、その国のGDPは「10％成長」となる。

「モノやサービスの生産はできても、もともとの所得が100兆円しかないわけだから、支払うお金がないのでは？」

という疑問をもった読者がいるかもしれないが、前章で説明した通り、**所得とは「フロー」であることを理解してほしい。すなわち、所得の「流れ」だ。**

1年前、国家全体で10兆円の製品を10個しか作れなかったとする。結果的に、国民は10兆円の製品を10個消費し、所得＝GDPは100兆円だった。

翌年、国家全体で10兆円の製品を11個作ったが、11月時点では10個しか売れていなかった。1年のうち11カ月が経過し、GDPは100兆円である。この時点の所得100兆円の10分の1、すなわち10兆円が、12月に「11個目の製品」を購入するのに使われた。すると、1年間に10兆円の製品が11個売れたことになり、GDPは110兆円になる。

よく考えればすぐわかるが、**所得が存在しているということは、消費や投資のために使えるお金は「常に」存在しているのだ。**

もし読者が全財産で100万円の製品を購入すると、読者自身からは消費や投資のために使えるお金が消える。しかし、社会から消えたわけではない。

常に一定金額分は存在している購買力が、一定期間（たとえば1年間）に何回社会を回転したのか。これにより、その国の一定期間の所得の合計（GDP）が決定する。

わかりやすく書くと、日本国民全体がすべての製品、すべてのサービスを1年前の2倍消費した場合、それだけで我が国のGDPは2倍になるのだ。

お金の流れがわかるシミュレーション（1）

これは重要なポイントなので、よりわかりやすく解説しよう。

ある国に、銀行が存在しなかったと想像してみてほしい。すべての決済が「現金紙幣」だけで行われる国だ。その場合、国民は働いて「現金紙幣」を所得として得る。

さらに、国民はその現金紙幣で食料や衣服などを購入し、自らの生活を成り立たせる。食糧や衣服の消費は、別の誰かの所得になる。国民が消費として支払った現金紙幣は、別の誰かの所得になり、さらなる消費や投資のために使われる。

以下、ある国の国民が「二人」しか存在せず、それぞれ農業、繊維業に従事していることを想定したシミュレーションである。

（1）A氏が、手元の現金10万円で、B氏から農産物を購入する
（2）B氏が、農産物の売却で得た10万円で、A氏から衣服を10万円分購入する

1年間にこれ以外の取引が発生しなかったとすると、この国のGDPは20万円だ。翌年、A氏が1年前の2倍の農産物を生産した。また、B氏も同じく2倍の製品を生産したと仮定する。金額ベースでいえば、それぞれ20万円分の農産物と衣服だ。だが、現金は相変わらず10万円分しかない。

この時、筆者が「デフレ期には成り立っていない」と、否定し続けている「セイの法則」が成立しているなら、以下の通りとなる。

（1）A氏が、手元の現金10万円で、B氏から農産物を購入する
（2）B氏が、農産物の売却で得た10万円で、A氏から衣服を10万円分購入する
（3）A氏が、衣服の売却で得た10万円で、B氏から農産物を10万円分購入する
（4）B氏が、農産物の売却で得た10万円で、A氏から衣服を10万円分購入する

以上のプロセスが1年間に完了すると、この国のGDPは40万円になる。1年前と比べて100％成長だ。この国にあるお金は「現金10万円」だけだが、それがモノやサービス

（前記では農産物と衣服）と交換される「スピード」が速くなることで、経済成長が達成される。所得とはフロー（流れ）であり、ストック（蓄積）ではないことが、明確にご理解いただけたのではないだろうか。

この国に「お金」は確かに10万円しかないが、それでも「所得」を生み出すためのお金は「常に」あるのだ。

（1）の取引が終わると、A氏の手元から現金10万円が消える。とはいえ、お金は単にB氏のもとに移動しただけだ。さらに（2）の取引後、今度はB氏のもとからお金が消える。A氏が生産した衣服と交換された以上、お金はA氏側に移るわけだ。
ミクロな単位では、所得を生み出す（消費や投資をする）ためのお金がない個人は存在する。だが社会全体では、絶対にお金は存在しているのだ。所得生成のためのお金が社会から消えることは、現金紙幣をすべて河原で燃やしてしまわない限りありえない。

そうであれば、**お金がモノやサービスと交換されるスピードが高まることで国民経済は成長していく**。とはいえ、もちろん「存在しないモノやサービス」にお金を払うことはできない。というわけで、「経済成長のためには、モノやサービスをより多く供給可能とするための投資拡大を！」と説くのが、セイの法則を前提とした新古典派経済学の一派である、サプライサイド経済学だ。

お金の流れがわかるシミュレーション（2）

さて、前述したシミュレーションの（3）の段階に注目してほしい。「A氏が衣服の売却で得た10万円で、B氏から農産物を10万円分購入した」わけだから、10万円の現金紙幣はB氏の手元に移動したことになる。ここで、B氏が、

「もう衣服はいっぱいもってるから、A氏から買う必要はないや」

と考え、この国「唯一」のお金である現金10万円を自宅に貯めこんでしまうと、はたしてどうなるだろうか。あるいは、B氏が、

「来年衣服を買うかもしれないから、とりあえずこの10万円は節約しておこう」

と考え、タンスの中に現金紙幣を仕舞い込んでしまった場合である。

いずれのケースでも、（4）のA氏の衣服10万円分の売却が発生しないことになる。するとA氏は農産物を購入する所得を得られないため、最終的には飢え死にする。

B氏がA氏から衣服を買わない理由はいくらでもある。たとえば、「以前、他国のC氏から現金10万円を借りたので、それを返済した」からかもしれないし、単に、「A氏の衣服に飽きた」という可能性もある。いずれにせよ、誰かが消費や投資をやめると、その分だけ所得が生まれない。お金がないから所得が生成されないのではない。**お金はあっても「使われない」からこそ、所得が生まれないのだ。**

この場合、政府が新たに10万円を発行し、A氏に贈与すればいい。つまり量的緩和だ。しかし、A氏が政府からもらった10万円でB氏から農産物を買い飢えをしのいでも、またもやB氏がお金を貯めこんでしまうと、A氏は再度の所得不足に陥る。

あるいは、A氏に農産物を売却して手元の現金が20万円になったB氏が、

「よし！　奮発して20万円分の衣服をA氏から買おう」

と考えたにもかかわらず、A氏の手元に10万円分の衣服しかなかった場合、物価が跳ね上がる。需要（B氏）はあるのに供給側（A氏）が追いつかないわけだ。

すでにご理解いただいたと思うが、デフレとは「お金がない」現象ではない。個々人は

ともかく、社会全体を見れば、所得を生み出すためのお金は「常に」存在する。**そのお金がモノやサービスと交換されない結果、所得が生まれず、結果的にモノやサービスの消費、投資を減らすというのがデフレの問題なのだ。**しかも、現在の日本はお金を供給してさえ、消費や投資が増えないという末期状態にある。いやはや、「金は天下の回りもの」と言った昔の人は、本当に賢い。

禁断の「貯蓄税」はなぜ実現できないか

お金が回らない場合、誰かが強制的にお金をモノやサービスと交換し、所得を生成してあげる必要がある。もちろん、その役割を果たすべきは「徴税権」と「通貨発行権」という二つの大権をもつ、その国の中央政府である。

過去にある国で以下のような「事件」が発生した。

若い夫婦（おもに公務員）が150組ほど加盟している協同組合があった。組合に加盟している夫婦たちは、ベビーシッター代を節約するために交代で互いの子供の面倒を見ることにしたのだ。

そこで、組合は子守をしてもらえる「クーポン券」を各夫婦に20枚ずつ渡した。子守を頼んだ夫婦は、子守を引き受けてくれた夫婦にクーポン券を渡す仕組みである。

しばらくすると困った事態が発生した。組合に加盟している夫婦たちが、クーポン券の「予備」を確保しようとし始めたのだ。その結果、夫婦たちは他の夫婦の子守をしてクーポン券を増やさない限り、外出をしようとしなくなってしまった。

ある夫婦が外出をしないと、別の夫婦がクーポン券を稼ぐ機会が生じない。最終的には、どの夫婦もクーポンを余分に保有することを望み、協同組合内でのベビーシッターという「サービス」は行われなくなってしまった。彼らはみな、「自分の支出は、誰かの所得。誰かの支出は、自分の所得」という、ごく当たり前の事実を忘れてしまったのだ。

「国民経済」に当てはめると、この現象こそがまさにデフレーションと呼ばれる。

この問題の解決策は二つ。一つ目は、組合がクーポン券の過剰な保有を禁止することだ。必要以上に貯めこんでいる夫婦からは、容赦なく過剰分を取り上げればいい。

この解決策を現代日本に当てはめると、「貯蓄税」となる。

たとえば、家計の金融資産に年齢に応じた上限を設け、過剰と思われる現預金などに税金をかけてしまうわけだ。

現実の日本でも実際にこの「貯蓄税」「金融資産税」を主張する人がいるが、実現は難しい。なぜなら、この種の税金はいうまでもなく財産権の侵害に該当するからだ。

やはり**税金は、ストック（資産）ではなく、フロー（所得）から徴収するべきものだ。**どれだけデフレが深刻化しようとも、私有財産を認める資本主義国である日本において、貯蓄税は決して実施してはならない「禁断の手段」である。

政府には「誰かの所得」をつくる義務がある

二つ目の手段は、もちろん組合が十分な量のクーポン券を発行することだ。

市場（組合）にあふれるほどのクーポン券が流通していれば、組合員たちは懸命にクーポンを集める必要がなくなる。

むしろ手元にクーポンが貯まっていくことを嫌がり、さっさとベビーシッターを依頼して使ってしまおうとするだろう。結果的に、誰か（この場合はベビーシッターを引き受けた夫婦）の所得が生まれる。

現在の日本も同じだ。市場に十分な量の日本円が出回っており、通貨価値が次第に下がっていく状況（＝物価が上がる状況）であれば、人々の現預金を貯めこむインセンティブは下がる。むしろ、もっていると価値が下がってしまう通貨であれば、さっさとモノやサービスに換えてしまおうとするだろう。そうなれば結果的に、誰かの所得が生まれる。

一方、先ほど「貯蓄税」は、私有財産を認める日本では実施してはならないと書いた。**だがインフレ率が健全な水準に上昇すれば、保有するお金の価値は実質的に下がっていく。直接的に貯蓄や金融資産に課税しなくても、インフレ率を上昇させれば、似たような効果が発揮されるのだ。**

もっとも、日本の場合は長きにわたって物価上昇率がマイナスを続けている「長期デフレ」状態にある。単に、日本銀行が通貨を発行して銀行に供給するだけでは、人々の「貨幣愛」（byケインズ）を消し去ることはできないだろう。

そこで、日本銀行が通貨を発行するのは当然として、そのお金を政府が借り入れ（＝国債発行）、誰かの雇用と所得が生まれるように使う必要がある。

自らの所得が順調に拡大していくようになってはじめて、国民は「通貨価値は下がるもの」という、通常の資本主義国にとっては当然の常識を思い出すことになるだろう。

政府は、「誰かの所得」をつくる義務がある。デフレ期の「政府の節約」ほど、国民経済に害を及ぼす政策は、他に思い当たらない。

日本人に美徳とされている貯蓄（節約）の恐怖

要するに、国民経済における所得であるGDPの大きさを決める要因の一つは、「一定期間において、お金がモノやサービスと交換されるスピード」なのである。読者が働き、報酬として得た所得をすぐさま次の消費や投資に回してくれれば、別の誰かの所得が必ず増える。すなわち、GDPが成長する。

もちろん、所得を得た読者が何らかの消費をしようとしたとき、購入できるモノやサービスが存在しなければ、お金の使いようがない。いくらGDPを増やすためにお金とモノ、サービスの交換スピードを速めようとしても、供給がなければどうにもならない。

つまり、国民全体の所得であるGDPの大きさを決める要因の二つ目は、

生産と所得が同時に増えるのが経済成長

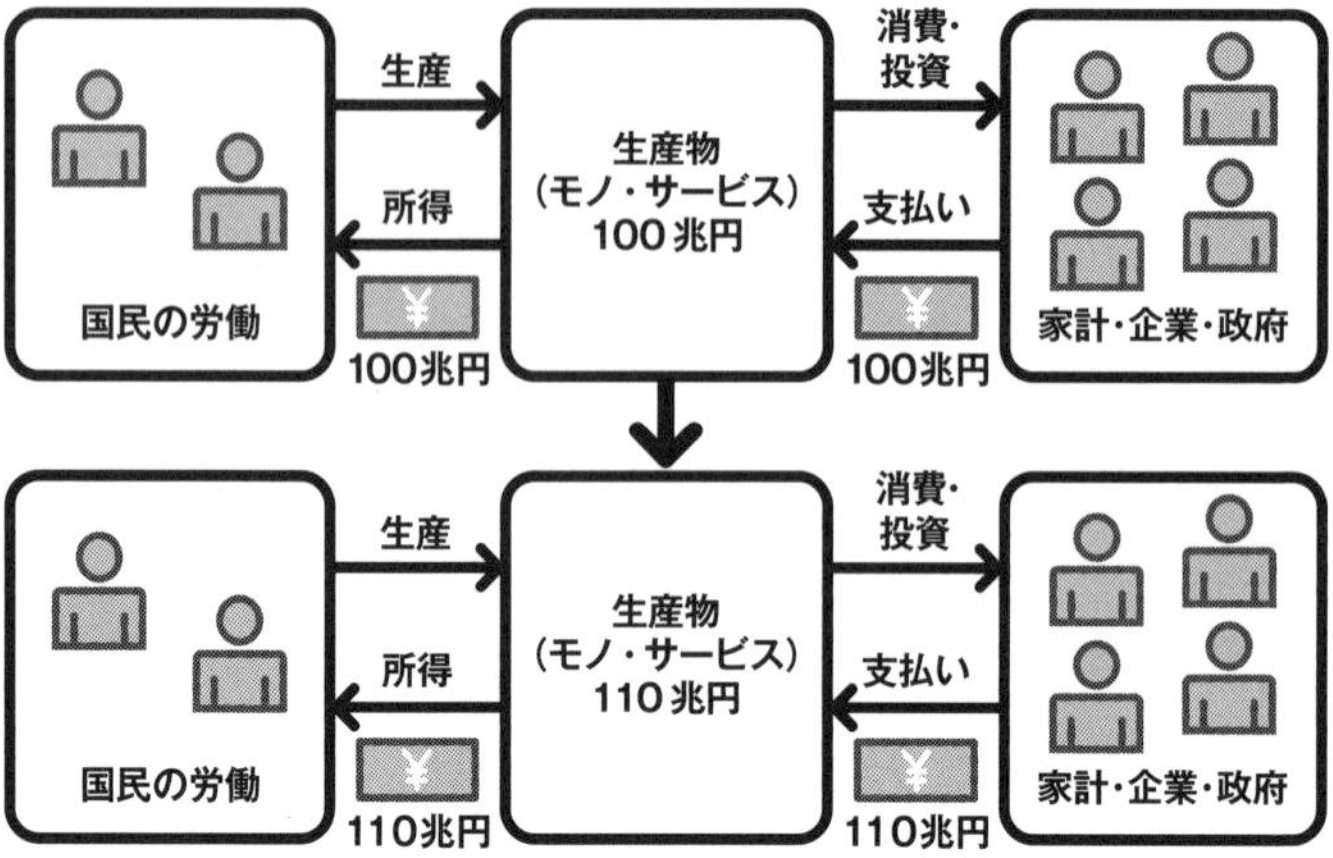

「国民がモノやサービスを購入しようとしたとき、きちんと供給できるか」

になる。上図の通り、もともとGDPが100兆円の国で、生産、支出（消費・投資）、所得の三つが同時に1割増えると（この三つは同時にしか増えないが）、経済成長率10％の達成だ。しかし翌年の生産が10％落ち込むと、GDPは一昨年に逆戻りである。

なぜ、生産が落ち込むという事態が起きるのだろうか。理由はいくらでもある。

戦争や自然災害で国土の生産設備などが破壊され、生産しようにも不可能になってしまった。革命や内乱で国内が大混乱に陥り、設備はあるのに生産が不可能になった。

さらには、激しいデフレで国民に消費や投

資をする気がなくなり、「製品をつくっても価格が下がるか、もしくは売れない」という状況に陥ってしまった場合などだ。

大恐慌期のドイツは、鉱工業生産指数が3年間で6割超も落ち込んでいる。当時のドイツ人全体に消費や投資をするお金がなかったわけではない。お金がモノやサービスと交換され、各経済主体の間を移動していくスピードが急減速してしまったのだ。

こうして誰かの所得が生まれなくなると、ドイツ人たちはますます消費や投資をしなくなっていった。使われなかったお金がどこに向かったかといえば、もちろん貯蓄だ。

貯蓄とは、「所得から消費や投資に向かわずに蓄積され、誰の所得も生み出さなかったお金」を意味しているのである。

アメリカのベンジャミン・フランクリンは、

「1ペニーの節約は、1ペニーの所得である」

という言葉を残している。現時点で1ペニーを節約して預金すれば、将来消費や投資に使うことができる。だから1ペニーの節約は「将来の所得」になる、と言いたかったのだろうが、まさにフランクリンも「個人経済」と「国の経済」を混同している。

実際には、誰かが1ペニーを節約したとき、その分だけ「別の誰かの所得」が1ペニー減るのだ。

日本人に限らず、「節約」を美徳と考える人は多い。個人にとっては美徳かもしれないが、国民経済にとってはそうではない。個人の節約や銀行預金などの貯蓄は、その金額分、別の誰かの所得を削り取ってしまうのだ。

デフレの正体は「民間の経済主体による自傷行為」

大恐慌期や現在の日本のようなデフレ期の問題は、「お金がない」ではなく、「所得がない」になる。これは極めて重要なポイントだ。

問題なのは「お金の有無」ではなく、「お金の移動スピード」である。ここで言う「お金の移動」とは消費もしくは投資を意味し、銀行預金などの貯蓄は含まない。国民がデフレ深刻化で所得が減り、将来不安から貯蓄を増やすと、お金の移動に急ブレーキがかかる。お金の移動スピードが落ちると、国民経済全体で「所得が減る」という話になる。所得が減ると、国民はますます「節約」「貯蓄」に走りがちになり、自らの「所得減少」という傷を深めていく。実のところ、**国民を苦しめるデフレ悪化を引き起こしている真犯人は、国民自身なのである。**

あるいはデフレ期に「これから市場原理主義だ！」などとうそぶき、民間企業や家計に経済をすべて任せると、どうなるだろうか。

もちろん、民間企業や家計は、「所得が減っているから、消費や投資は増やせない」というまことに合理的な判断を下し、実際に支出を切り詰めることで自傷していく。デフレの正体は、民間の経済主体による自傷行為そのものなのだ。

バブル崩壊の後遺症で増え続ける企業の貯蓄

デフレ期の国民は、「貯蓄を増やす」形でお金とモノ、サービスとの交換スピードを落とす。まさに、現在の日本もその通りになっている。

次々ページにある図の通り、日本の家計は１９９８年のデフレ深刻化以降も、それ以前も一貫して現預金というストック（資産）を増やしている。特に１９９８年以降、デフレ期にもかかわらず現預金（主に預金）を増やしているのだから、驚くしかない。デフレで所得が減少しているのに、あるいは「だからこそ」日本の家計の預金志向は高まっているわけだ。

企業の方は、バブル崩壊後しばらくは現預金の額が落ち込んでいった。なにしろ、日本のバブルの主役は企業だった。不動産などの資産の実質的な価値が暴落し、「とりあえず、この膨れ上がった借金を返済しなければ」というモードに入った。結果的に、企業の所得は消費でも投資でも預金でもなく、借金返済に向かった。バブルの後始末をしている時期には、さすがに預金残高が増えることはなかったわけだ。

企業のバブルの後始末は、21世紀初頭には終了した。ところが、それと前後し、日本は企業まで預貯金を増やす異常事態に至ったのだ。

本来、資本主義とは主に企業の負債と投資拡大により成長する。ところが、デフレ本格化以降の日本は、経済成長の主役を演じるべき一般企業までもが「貯蓄志向」になってしまったのだ。

日本の家計、企業の現預金

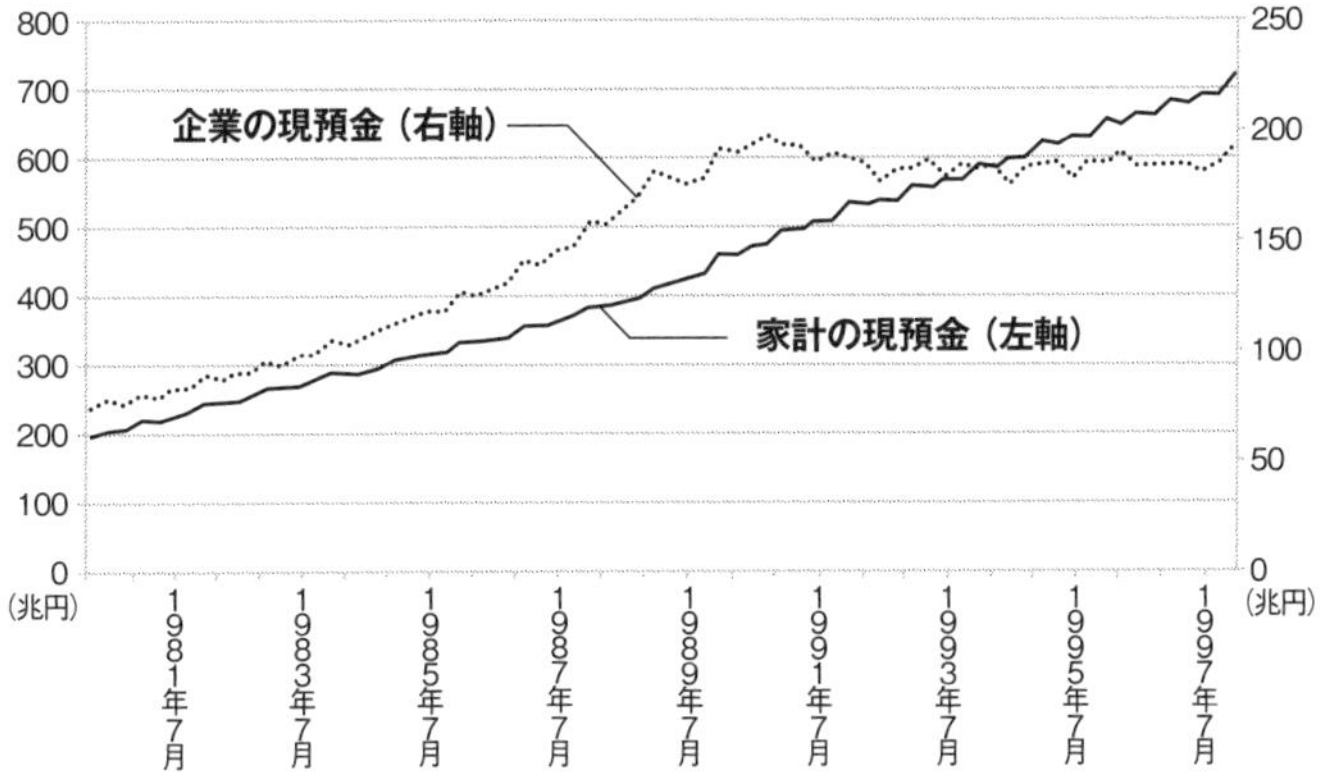

出典：日本銀行

デフレ期の日本の家計、企業の現預金

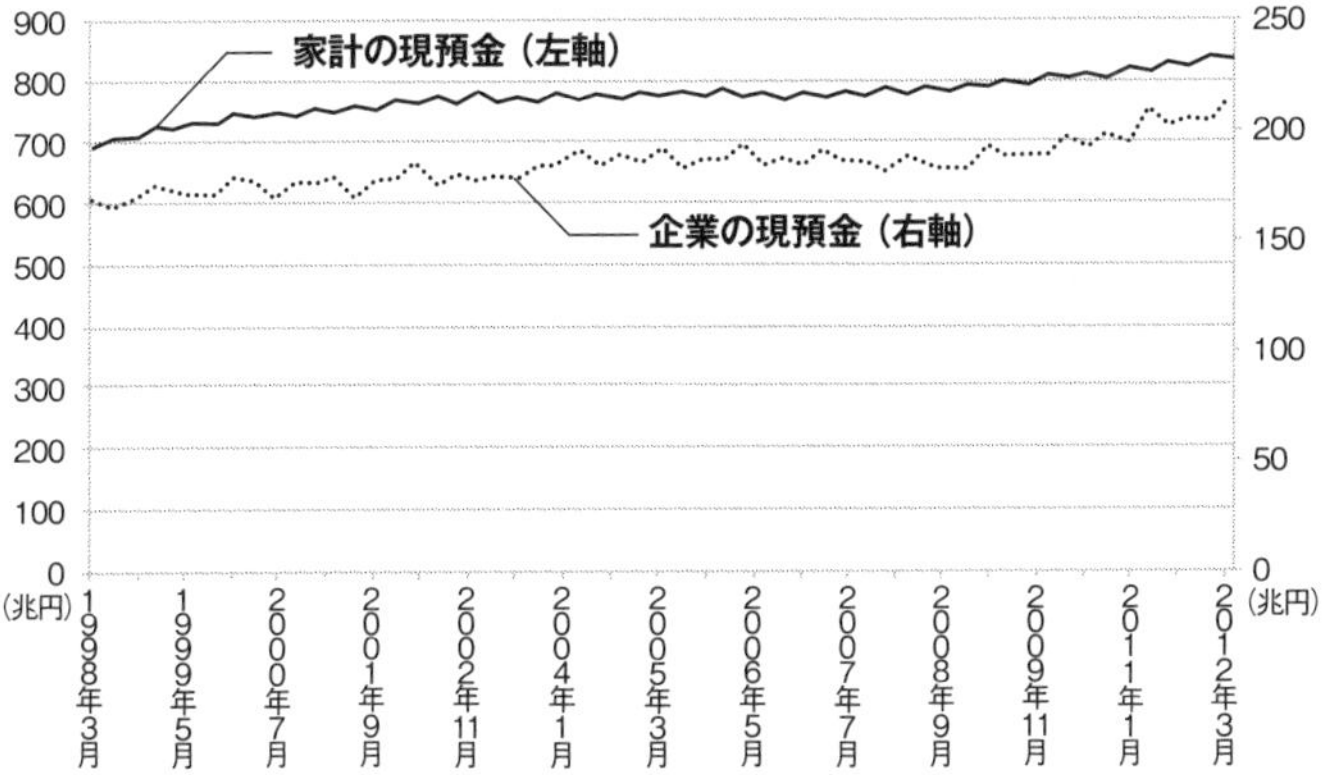

出典：日本銀行

２０１２年６月末時点で、日本企業の現預金は２０４兆４８２６億円と前年比で５・５％増え、２四半期連続で２００兆円の大台を超えた。企業が２００兆円を超える現預金を貯め込んだ理由は明々白々で、要は投資をしてもデフレで儲からないためだ。

デフレが続く限り、家計だろうが企業だろうが、貯蓄志向は必ず高まるのだ。

家計の貯蓄率と「財政破綻」にはなんの関係もない

もっとも、長期のデフレであまりにも日本国民の所得が下がったため、現在は家計の貯蓄率も下がりつつある。**もはや日本の家計は、貯蓄に回すお金を確保することができないほど、所得が下がってしまっているのだ。**２０１０年の日本の家計の貯蓄率は２％。ということは、残りの98％は消費もしくは投資として使われていることになる。

日本の家計の貯蓄率の低下は、日本の家計が「ムダ遣いを始めた」ということではない。単に、貯蓄が不可能なほど所得が下がってしまっているだけだ。

１９９７年に橋本政権が消費税率を引き上げた際には、増税前を狙った、いわゆる駆け込み消費が発生した。なにしろ当時の日本の家計の貯蓄率は10％に達しており、貯蓄に回

日本の家計の貯蓄率の推移

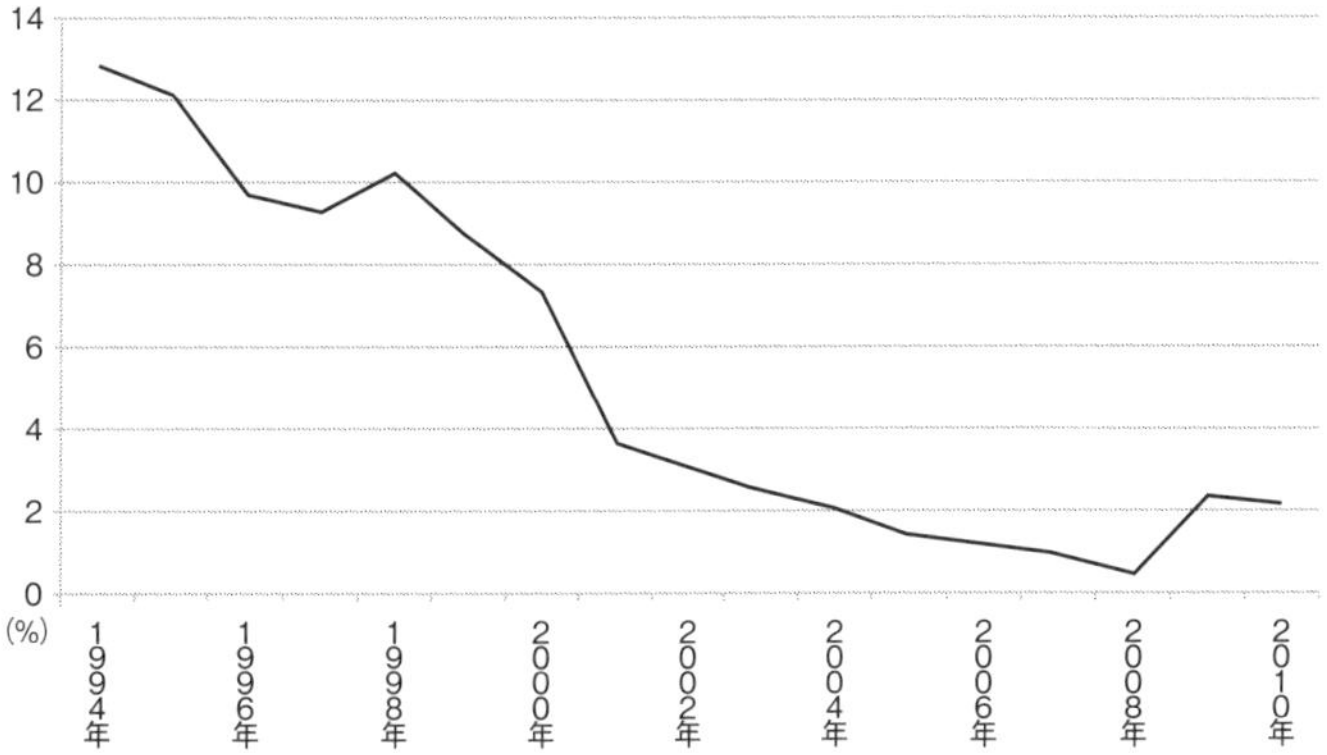

出典：OECD

さず、駆け込み消費に使ってしまうことが可能な所得が十分にあったのだ。

ところが、現在の日本の家計の貯蓄率はわずか2％。**今後の日本政府がデフレ脱却前に消費税を上げた場合、1997年当時のような駆け込み消費は起こらないだろう。**

この「日本の家計の貯蓄率低下」を受け、

「日本の家計の貯蓄率が下がっている！　これで国債を買う金がなくなり、日本は財政破綻する！」

と、まことに低レベルな財政破綻論を叫んだ東大教授がいた。日本の知的エリートのレベルの低さをあらためて実感させてくれたが、家計の貯蓄率の変動と「財政破綻」は直接的にはなんの関係もない。国債購入に投じられている預金は、家計および企業の現預金である。しかも、161ページの図の通り、家計の貯蓄率が低下していっている期間も一貫して「現預金額」は増えていっている。家計の貯蓄率がどのように変動しようが、「デフレ深刻化で、民間の資金需要がない」

「企業や家計が現預金額を積み上げてきている」

という二つの条件が満たされている限り、銀行は国債を購入する。結果的に、財政破綻（国債のデフォルト）など起きようがないわけだ。

なお高い日本の貯蓄水準

そもそも、日本国の経済主体は家計だけではない。よりわかりやすく言うと、銀行預金をするのは家計だけではなく一般企業や金融機関、ときには政府も預金をするというわけだ。現在の日本の長期金利が超低迷している理由が、「国内の預金が国債購入に向かっているため（これは財政破綻論者も認めている）」である以上、日本のすべての経済主体の貯蓄率の状況を見なければならないはずだ。

主要国の国民貯蓄率の推移

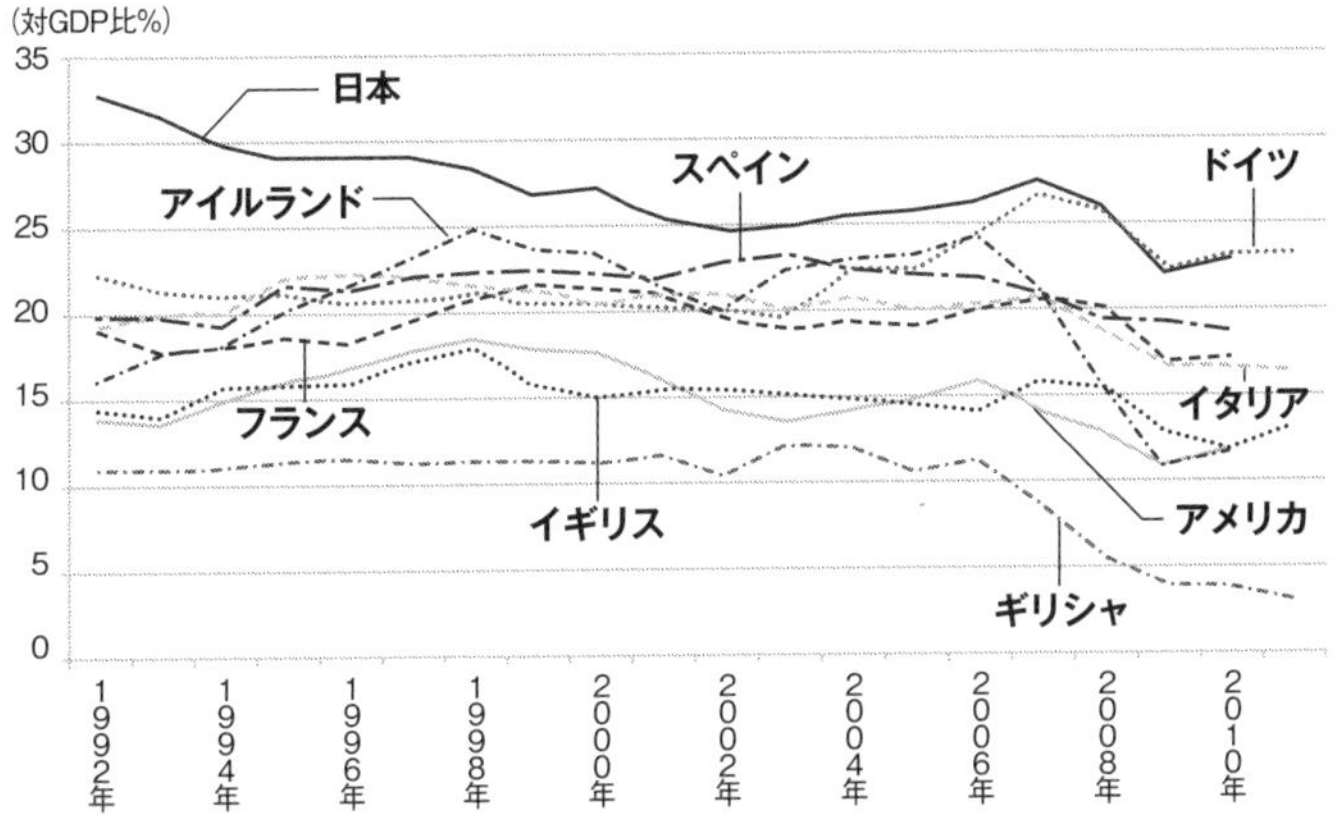

出典：OECD

国民の一年間の貯蓄（総貯蓄）の対GDP比を見てみると、日本はバブル崩壊時点よりはさすがに低くなっているものの、いまだにドイツと並んで主要国でトップ水準だ。

家計が所得不足から貯蓄できなくなっていても、別の経済主体が預金残高を積み重ねているわけだ。**家計が貯蓄できない分、誰が銀行預金を増やしているかといえば、もちろん一般企業である。**

上の図からは、いろいろ面白いことがわかる。まずは、国民貯蓄率上位2か国（日本、ドイツ）は共に経常収支黒字国で、低い国々はすべて経常収支赤字国である。前者は「統計的に」国内が過剰貯蓄状態になるため、自動的に貯蓄率が上がるわけだ。

ドイツの国民貯蓄率は２００４年ころから急上昇しているが、これは同国が経常収支を黒字化した時期と一致する（信じられないだろうが、ドイツは２００１年まで経常収支赤字国だった）。

また、ユーロ危機の発端となったギリシャおよびアイルランドの国民貯蓄率が、２００７年以降に急降下している。これは経常収支の問題ではなく、バブル崩壊と経済危機の進展で、国民の所得が激減したためだろう。

日本の場合、バブル崩壊後の長期不況で家計の所得が減り、貯蓄率が下がったとはいっても、その分企業の内部留保における現預金の額が増えた。というより、そもそも企業が内部留保拡大や借金返済（ともに貯蓄）ばかりをしているからこそ、家計所得が減少したのである。なにしろ、家計の所得の多くは従業員給与、すなわち企業の所得から分配されるお金なのだ。

また、日本はバブル前もバブル後も一貫して経常収支黒字国で、国内の貯蓄が十分な状況が続いていた。**貯蓄超過国である日本の場合、バブル崩壊後に政府が負債と投資（公共投資）を増やすことで、国民所得（＝ＧＤＰ）の下支えがある程度できていた**（橋本政

権の緊縮財政開始まで)。

ところが、ギリシャやアイルランドは経常収支赤字国、貯蓄過少国である。そもそも両国の2007年までの不動産バブルは、外国の金により膨らんだものだった。バブル崩壊後のギリシャやアイルランド（それにスペインやポルトガル）は、外国に借りた金を返済するために政府が緊縮財政を強いられた。つまりバブル崩壊と同時に、日本が橋本緊縮財政を強行したようなものだ。

結果的に、国民所得は「企業の所得（粗利益）」を含めて急激に収縮し、貯蓄率が国民全体として急降下してしまった。

“あら探し”にすぎない財政破綻論者の主張

国民貯蓄率の状況をみても、日本と欧州の破綻国では経済環境がまるで異なることがわかる。ところが、いまだに日本では、

「日本の状況はギリシャより悪いから、日本も破綻する。消費税を増税しなければ！」

と声高に叫ぶ政治家や経済学者、評論家たちが少なくない。

ギリシャの消費税は23％だが、政府が事実上のデフォルト状態に陥った。**消費税と「財政破綻」に因果関係はまったくない**にもかかわらず、

「ギリシャが破綻した！　日本も！」

「日本の貯蓄率が急降下している。国債を買う預金が無くなるので破綻する！」

などと、はっきり言えば「デタラメ」を主張する財政破綻論者が、この国では後を絶たないわけだ。

要するに、数十年前から、

「日本は財政破綻する！　財政破綻する！」

と叫び続けてきた破綻論者たちが、いつまでたっても日本の長期金利が超低迷している（デフレである以上、当たり前だ）ことにプレッシャーを受け、

「なにか日本の財政破綻への道を裏づけてくれるデータはないものか……」

といろいろ探し回り、日本の家計の貯蓄率低下に目をつけた。

「ほら見ろ！　日本の家計の貯蓄率が下がっている！　これで政府の国債を購入する預金がなくなり、財政破綻だ！」

と、煽っているだけなのだ。

「貯蓄が増えれば投資が増える」は本当か

1998年以降の日本で企業まで貯蓄志向に走った結果、国内では主たるお金の使い手がいなくなってしまった。そもそも、1998年のデフレ深刻化の理由は、橋本政権による緊縮財政、すなわち政府の節約だ。

民間が節約して借金返済や預金をしているところに、政府までもが節約をする。その結果、日本国内では消費や投資の拡大、すなわち別の誰かの所得を増やすことを誰もやらなくなっていったわけだ。

不思議な話だが、現在の日本やアメリカの新古典派経済学者など、いわゆる主流派経済学者たちは、

「預金を増やせば自動的に投資が増え、国民の所得は拡大する」

という奇妙な考えにとりつかれている。国民の所得を拡大するには、投資が増えればいい（ここまでは正しい）。そのためには、貯蓄（預金など）を増やし、金利を引き下げれ

ばいいと考えているのだ。どうも彼らの頭の中では、「貯蓄→投資」という流れが基本になっているように思える。

新古典派経済学者や「経済通」と自称する人々の多くは、

「貯蓄が投資に回り、所得が生まれる」

といった言い方を好む。すなわち、初めに貯蓄ありきで、そのお金が投資に費やされ、所得（＝ＧＤＰ）になるという考え方である。特に、新古典派経済学者の中に、この考えをとる人が多い。

まずは「貯蓄ありき」であるため、彼らは常に、

「どのように貯蓄から投資にお金を回させるか？」

について知恵を絞り、戦後の「インフレ対策」としての経済学を発展させてきた。貯蓄から投資を増やすには、どうすればいいか？　いわく、

「政策金利を引き下げればいい」

「家計に貯蓄を増やさせればいい」

「特に貯蓄性向が強い富裕層を減税すれば、貯蓄残高が増えて金利が下がる」

などなど、新古典派経済学や新自由主義は「投資のための貯蓄」を重視する。

だが、すでにおわかりだと思うが、こうした政策は、「銀行に過剰貯蓄（民間に借りられない預金）があふれ、政策金利がゼロ、長期金利が1%を下回る状態でも、企業が投資をしない」という国においては、まったく通用しないのだ。

すなわち、**金利が何パーセントであろうが企業が投資をしないデフレ期には、貯蓄の多寡は本質的な問題ではなくなってしまうわけだ。**

所得があってはじめて貯蓄や投資につながる

「貯蓄から投資へ」の流れを重視するのは、政府の国債発行に反対する経済学者も同じだ。彼らが国債増発を嫌悪するのは、別に財政破綻うんぬんが理由ではなく、「政府が国債を発行し、市中銀行の貯蓄を吸い上げると金利が上がり、企業が投資をすることができなくなってしまう」

日本の国債発行残高と長期金利の推移

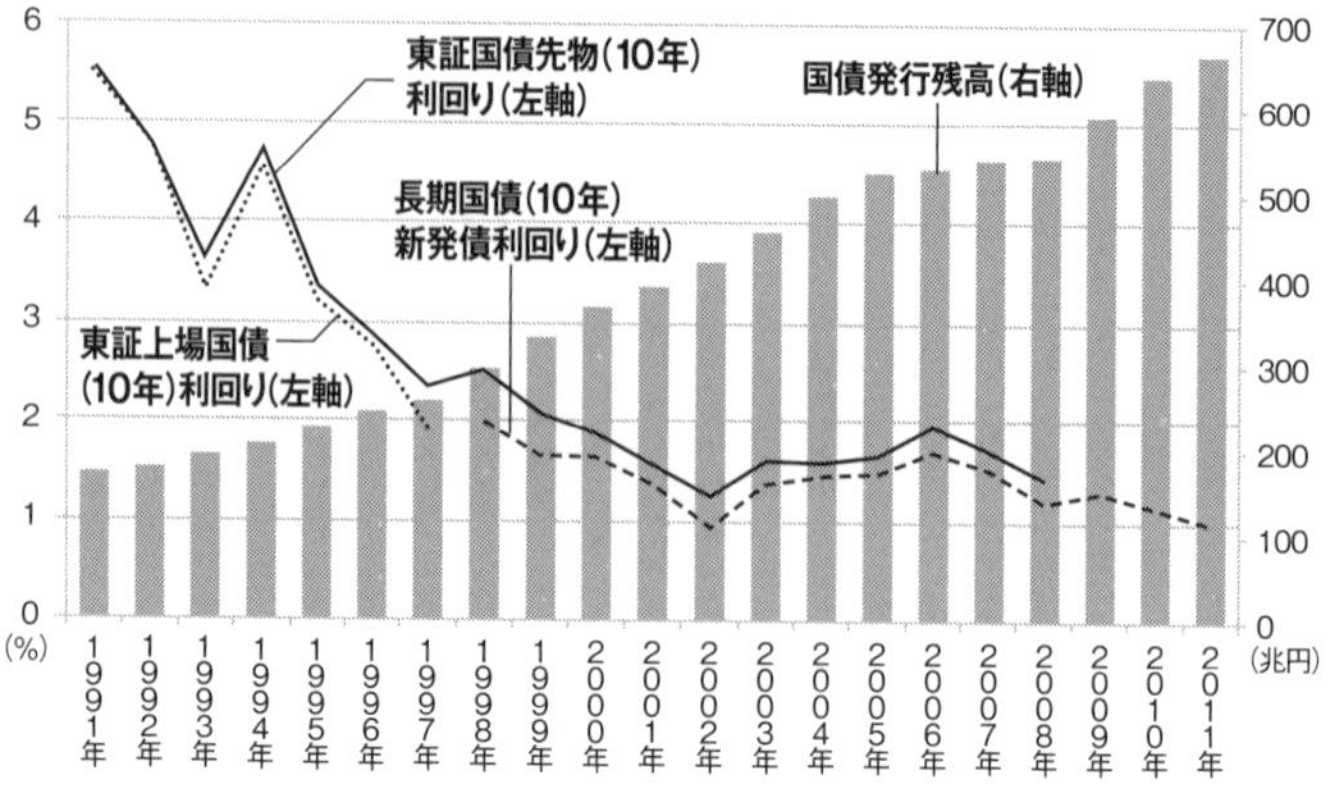

出典：財務省、日本銀行

ためである。いわゆる、クラウディングアウトの発生だ。

経済学者たちは「国の財政が破綻する！（国債がデフォルトする）」などという間違った認識を抱き、国債増発に反対しているわけではないわけだ。クラウディングアウトにより民間主導の経済成長が難しくなるため、政府が国債で市中のお金を大量に借り入れることに異を唱えているのである。

だが上図の通り、**デフレが始まって以降の日本は、政府の国債発行残高がどれだけ増えても長期金利は上がらない状況にある。**なにしろ、1998年以降の日本は「デフレ深刻化→物価下落→企業のリストラクチャリング→企業の投資・家計の消費減→デフレギャップ拡大↓デフレ深刻化」と、完全に所得縮小の悪循環にはまっているのだ。

このデフレ循環の「輪」にはまり込むと、政策金利を引き下げようが、政府が国債を発行しようが、いずれにしても企業の借入は増えず、金利は上昇しない。

すなわち、「貯蓄が投資され、所得が生まれる」という前提で編み出された数々の「政策」は、すべて無効になってしまうのだ。


実は、そもそも「貯蓄が投資され、所得が生まれる」という前提自体が間違っているというのが真実だ。

国民経済では、まずは「所得」がある。所得から消費や投資、すなわち「別の誰かの所得」にならなかったお金が貯蓄になる。**「貯蓄→所得」ではなく、「所得→貯蓄」という考え方が正しいのだ。**

「そんなの『鶏と卵』ではないか」

と思われた方も多いだろうが、「所得→貯蓄」という認識は、国民経済の政策を考えるうえで決定的に重要なのである。

新古典派経済学者のように、「貯蓄→所得」という前提が頭の中で成立してしまってい

ると、経済政策は自然と、

「どうすれば貯蓄が増えるのか？」

という発想からスタートしてしまう。

それに対し「所得→貯蓄」が前提になっている場合は、

「どうすれば所得が増えるのか？」

という発想からソリューション（解決策）の構築が始まる。

一方、頭の中に「貯蓄→所得」が植えつけられている新古典派経済学者は、前記の質問に対し、

「所得を増やすには投資を増やせばいい。投資を増やすには貯蓄を増やし、金利を引き下げればいい」

と回答する。挙句のはてに、

「貯蓄を増やすには、貯蓄性向が高い富裕層に減税すればいい。あるいはいっそ、投資する企業の法人税を引き下げればいい」

という結論になってしまう。富める者が富めば貧しい者にも自然に富が浸透するという、

いわゆるトリクルダウン理論だ。

いくつもある国民の所得を増やす方策

だが、このような政策が、デフレ期には無用の長物になってしまうのは、過去の著作で繰り返し指摘してきた通りだ。

逆に「所得→貯蓄」から思考が始まる人は、とにかく所得を増やせれば「どんな政策でもかまわない」という発想になる。別に、富裕層減税をして貯蓄を増やし、金利を引き下げ、企業の投資が拡大することで国民の所得が増えても一向にかまわない。

だが、もちろん他の手段でもいいわけだ。「所得→貯蓄」を前提で考える人は、いかにして所得を増やすべきか、自由裁量権が与えられることになる。

結果的に、次のような幅広いソリューションを考えつくことが可能になる。

「所得を増やす方法は何でもかまわないとすれば、政府が消費や投資を増やしてもいいのでは?」

「所得が増えれば貯蓄が積み上がるなら、政府は当初はあまり負債増を気にせず、国債を発行すればいいのでは？　国民の所得が増えれば、貯蓄も拡大するわけだから、政府の負債はファイナンスされ、金利は上がらないのではないか」（インフレ期には金利が上昇する可能性が高いが）

「いっそ中央銀行が通貨を発行し、それを政府が消費もしくは投資として使えばいいのでは？」（インフレ率により限界が生じるが）

所得拡大のために複数の代替案を提示し、現在の環境に適した解決策を選択すれば、それで話が済むわけだ。

ところが、逆方向の「貯蓄→所得」という発想の人は、所得拡大のための方法について、基本的には「貯蓄を増やし、金利を引き下げ、企業の投資を拡大する」以外に考えつくことができない。経済学ではなく「常識」で考える人々から、

「デフレ期のゼロ金利の国が貯蓄を増やしても、金利はそれ以上下がりようがないのでは？　あるいは、デフレで儲からない企業は、金利がゼロでもお金を借りないのでは？」

といった疑問を投げかけられることになるわけだが、「貯蓄→消費」派は、

「いや、貯蓄が増え続ければ、長期的には企業の投資が増え、所得が拡大するはずだ」などと、意味のない返答をすることになり、すぐさま「長期的とは、どのくらいの期間を意味するのか？」と突っ込まれる羽目になるわけだ。

国民経済の中心は「所得」であり、貯蓄ではない。貯蓄とは、所得から生まれた副産物である。たしかに企業が貯蓄を借り入れて投資に費やすと、国民の所得は増える。とはいえ、別に「そうしなければならない」という話ではない。

日本国民はもともと貯蓄性向が高い。だが、長引くデフレで所得が減り続け、ついに貯蓄に回すお金もなくなりつつある。そもそも、家計が世界で最も多く「銀行預金」を貯め込み、長期金利がスイスと並んで世界最低の国において、「貯蓄を増やし、金利を引き下げれば所得も増える」などと言い続けること自体がナンセンスだ。

第5章　脱グローバル化で所得と雇用を取り戻す！

貿易とは国同士の「雇用と所得の奪い合い」

長引くデフレの中で、グローバル化の波に晒され、我が国は苦境に立たされている。こうした現状を変えるにはどのような方法があるのか。本章では、変革の糸口となるであろうポイントを取り上げていく。

キーワードとなるのは、輸出、グローバル化、そして前章に引き続き、所得だ。すでに述べてきたように、バブル崩壊後の日本では国民全体の所得の総計である名目GDPが増えない環境が続いている。そんななかで**自らの所得を伸ばすには、「誰かの所得を減らす」以外に方法がない。あるいは、純輸出を増やす形で「外国の所得をもらう」かの、いずれかになる。**

そこで、まずは日本の輸出について見ていこう。

GDP統計上、輸出はそのまま「日本の所得」として計上されるわけではない。日本国民の所得としてカウントされるのは、あくまで輸出から輸入を差し引いた純輸出のみだ。

輸出とは、日本国内で生産した製品に対し、外国の消費もしくは投資としてお金が支払

輸出の意味

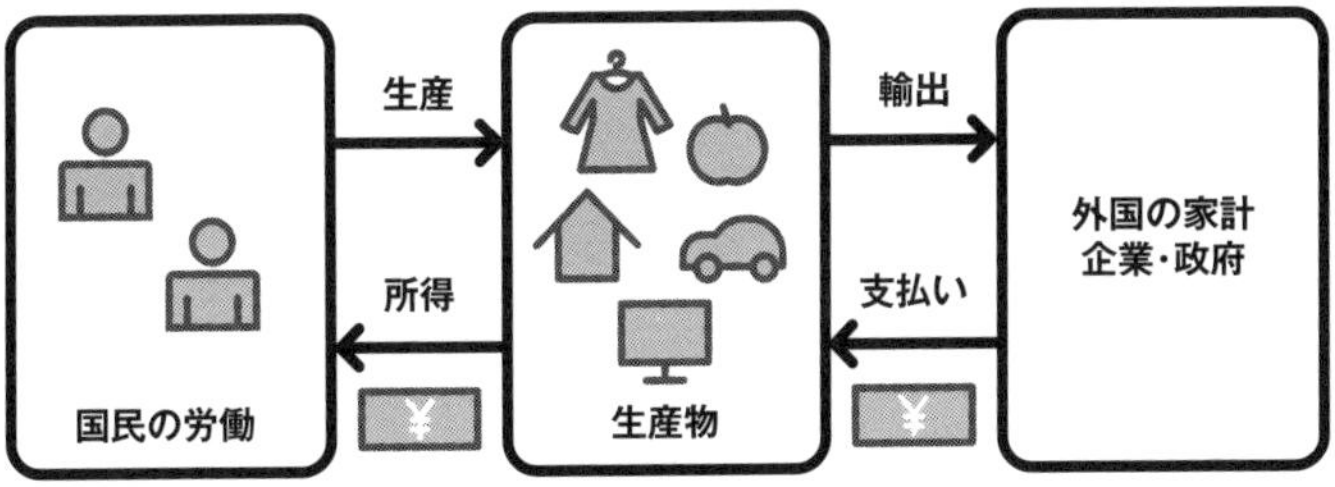

われたケースを指す。日本国内の消費や投資の場合、お金は「日本国民→日本国民」へと流れる。すなわち、日本国民の消費や投資により、日本国民の所得が生まれるわけだ。

それに対し、外国への輸出は上図の通り、「外国人の消費や投資により、日本国民の所得が生まれる」ことになる。

たとえば自動車をアメリカ国内で生産した場合、そこで働く労働者は当然アメリカ居住者だ（アメリカ国民とは限らないが）。アメリカ国内で自動車が生産され、アメリカ人が消費した場合、雇用が生まれ所得を得るのは「アメリカ」である。

ところが、アメリカ人が消費する自動車を日本が生産し、アメリカ側が輸入した場合、雇用と所得は「日本」に生まれることになる。

逆に日本側がアメリカ製品を輸入した場合、今度はアメリカ国内に雇用と所得が生まれる。雇用と所得は完全にセットになっているのだ。

貿易とは国同士の「雇用と所得の奪い合い」という側面をもつ。そして、グローバリズムによってこの奪い合いは世界各地に広がり、激しさを増している。

もちろん、自国で産出されない製品を外国から輸入するのは当然だが、その場合であっても、「雇用と所得」が生まれるのは輸出元の方だ。

グローバル企業は誰のためにあるのか?

グローバリズムがもたらす最大の罪悪は、所得と雇用のプロセスの破壊だ。

生産を行うための雇用が生まれれば、そこに所得が発生する。つまり、「雇用＝生産＝所得」なのだ。あるいは、「雇用＝生産＝所得＝投資」といってもいい。第3、4章で説明したとおり、国民を幸せにするには、いかに国内で所得を生成するかが極めて重要になってくる。

所得が生じるということは、必ず誰かが働いている。また、所得があるということは、絶対に誰かがなにかを生産し、他の誰かが買っている。この当たり前の経済活動が繰り返され、国民経済が豊かになるのだ。

ところが、**グローバル企業、あるいはグローバリズムというものは、所得の生まれる場所を自国から奪っていく。**生産の当事者である企業が自覚的にしろ無自覚にしろ、雇用や所得、税収を国外へ散逸させてしまう。

たとえば、アメリカに本社を置くアップルは外国に工場を作り、iPhoneをはじめとするヒット商品を世界中で販売している。しかし、雇用と所得が生まれるのは工場のある外国であり、アメリカ国内での雇用はわずか4万7000人だ。開発、デザイン、マーケティングはアメリカ国内で進められるが、製品を組み立てるのは台湾の企業であり、部品は日本やドイツや韓国などから調達している。

結果、ビジネスの成功に比して連邦政府に支払っている税金はそれほど巨額ではない。また、アップルがどれだけ株主たちに配当金を払っても、その所得が生み出されたのは外国であり、アメリカ国内に雇用は生まれていない。

長期失業者が1000万人を超えている状況下で、アップルが株価を上げ、製品を世界中で売りさばきながら、なぜアメリカ国民の雇用が増えていないのか。ここに疑問を感じるべきだ。

もちろん、ひとつの企業が成長していくためにこうしたモデルを選ぶことは当然であり、そのことを批判するつもりはない。だが、少なくとも彼らはアメリカという国、そこに暮らす人々のためにビジネスを展開しているわけではないのだ。

「国家」に基づかないグローバル企業の増加は、人々が生きていくために必要な雇用と所得の環境を破壊する。

現在の世界経済を苦しめているのは国民の所得の問題であり、生み出された所得の多くが外国に吸い上げられるグローバリズムの弊害なのだ。

輸入が増えた分だけ日本のGDPは減る

当然、日本もこうしたグローバリズムの波に飲み込まれている。

たとえば、2011年3月の福島原発事故を受け、日本政府は全国の原子力発電所に原発運転停止を指示した。結果的に、日本国は「電力サービス」の供給能力が著しく損なわれ、各電力会社はすでに退役していた火力発電所まで再稼働し、国民への電力供給をなんとか維持している有様だ。

火力発電所を稼働するには、天然ガスなどの鉱物性燃料が必要になる。日本の各電力会社は政治的な理由で原発を動かせないため、毎年数千億円規模の天然ガスをカタールなどの中東諸国から輸入せざるをえなくなってしまった。

天然ガス産出国からしてみれば、日本側の事情はわかりきっているわけだ。

「どうせ君たちは原発を動かせず、我が国から天然ガスを買うしかないのだろう」

というわけで、日本は「割高」な取引で天然ガスを輸入せざるをえない事態に至っている。そうなると、いくら円高が続いているとはいえ、さすがに天然ガスの輸入代金が巨額になりすぎ、2011年の日本は全体で貿易赤字になってしまった。

日本が貿易赤字になったということは、その分だけ外国に「所得の一部を献上」したという話である。貿易赤字とは、純輸出ならぬ「純輸入」になる。

純輸入は、その金額分がGDPから控除される。わかりやすく言うと、純輸入の金額分、日本国民の所得である名目GDPが減る。2011年の数字でいえば、純輸入4・3兆円分、日本のGDPは減ってしまった（ちなみにGDP上の純輸出、純輸入はモノの貿易のみならず、サービスの輸出入分も含まれている）。

すでに説明したとおり、モノにせよサービスにせよ、輸出入とは国同士が「互いに雇用と所得を奪い合う」ことである。別に重商主義的なことを言いたいわけではないが、少なくとも外国から輸入した製品やサービスが自国の雇用と所得にならないことは間違いない。もちろん、たとえば外国から輸入した製品を「国内で運送した」あるいは「国内で小売りした」企業の利益については、「日本国の雇用と所得」になる。とはいえ、輸入した製品代金については、あくまで外国の所得になってしまうのだ。

カタールから輸入された天然ガスが生み出したのは、あくまで「カタールの雇用」である。日本の電力会社が「日本国民の消費」として電力料金を徴収し、その一部を天然ガスの輸入代金としてカタールに支払っているという話だ（天然ガスの輸入代金があまりにも巨額であるため、現在、電力会社の多くは内部留保という貯蓄を取り崩すことで対応せざるをえなくなっている）。

経済成長を達成すれば国債残高は問題にならない

リーマンショック前までの世界はいざ知らず、現在はアメリカやドイツといった先進主要国まで「輸出で成長を！」という姿勢を強めている。そこに日本も参加して、各国が互いに互いの所得、雇用を奪い取るために通貨安競争を始め、輸出ドライブをかけていく。

これは不毛な事態としか言いようがない。なにしろ、日米英独などの先進主要国は、別に他国に頼らなくとも自国の力で所得を拡大することが可能なのだ。

ところが、現在の日米英独は4カ国とも揃ってバブルが崩壊し、民間企業や家計が、「金を借りない。消費や投資もしない」

という状況に陥っている。結果的に、米英独3カ国の国債金利（十年物）はそろって1・5％前後に落ち込み、日本に至っては0・7％台という驚くべき低さで推移している。

金利がここまで低迷している以上、政府は淡々と国債を発行し、市中からお金を借り入れ、国内で消費や投資として使うことで「国民の所得」を生み出せばいい。

あらためて繰り返すが、政府が消費や投資としてお金を国内で使えば、国民の所得が増える。これが事実であるにもかかわらず、政府の財政支出に反対する国民が少なくないのが不思議である。

政府の国債発行や財政出動に反対する評論家の中には、

「国債発行により政府の借金が膨れ上がると、将来的に税収で返済しなければならず、国民が結局は損をさせられる」

と、経済成長を全否定した言説を繰り返す人が少なくない。この手の発言をする人は、経済とは基本的にデフレ基調で動くものと勘違いしているとしか思えない。

たとえば、日本政府が10兆円の国債を発行し、公共投資として使ったとしよう。10兆円を建設国債で調達した場合、政府は60年かけて償還していくことになる。すなわち、毎年1666億円の「借金返済」を行っていくわけだ。

さて、政府の10兆円の公共投資をきっかけに、日本の企業が毎年1％ずつ設備投資を増やしていく「気分」になったとする。すでにご理解いただいていると思うが、国家全体で見ると所得創出のために使われるお金は「常に」ある。

2011年の日本企業の設備投資（GDP上の民間企業設備）は約61兆円だ。また、日本の名目GDPと税収の関係は、ほぼ10対1である。

そこで、民間企業の設備投資により生まれた「所得」から徴収される税金を、6・1兆円と仮定する。

民間企業設備・税収と税収増加分・償還金額

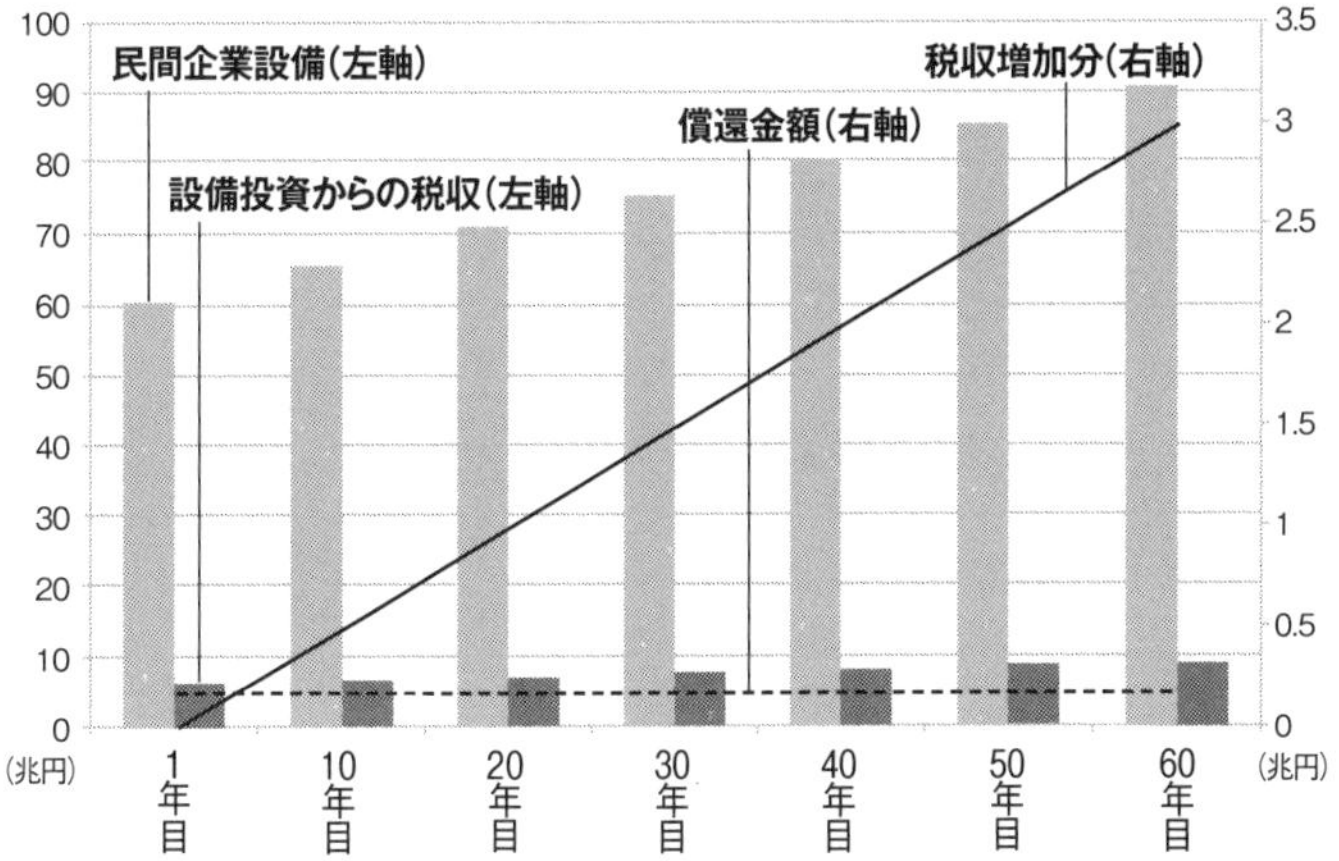

政府の公共投資拡大によりどれだけ企業の設備投資が増え続けたとしても、毎年の国債償還金額は1666億円（グラフでは0・16兆円）のまま変わらない。それに対し、企業の設備投資が1％ずつ増えていくにつれ、税収も増えていく。60年後の税収の増加分はほぼ3兆円に達するが、それでも建設国債の償還金額は1666億円のままだ。

もちろん、このシミュレーションは国債金利を含んでいない。また、インフレ率がゼロパーセントという設定であるため、実際の動きは図のように単純なものにはならない。

それでも、**経済成長していくことで当初の借金の返済負担が次第に軽くなっていくというのは、否定しようがない事実なのだ。**

グローバル化が戦争の引き金になることもある

将来の成長を期待して投資をするのは、別に政府に限った話ではない。企業にしても、将来の収益拡大を目指して「いま」投資をするのである。政府の公共投資を、

「借金が増えるからダメだ！」

と主張する人は、企業に対しても、

「たとえ設備投資のためとはいえ、銀行融資を受けてはならない」

と提言しなければならないことになる。

そもそも、資本主義経済においては「誰か」が国内の貯蓄を借り入れ、消費もしくは投資として使わなければ、国民経済はひたすら縮小してしまう。政府を含めた「国民全員」が貯蓄を増やし続け、お金を借りないということは統計的に不可能なのである。**政府の借金はダメ、企業もダメと主張する人は、資本主義を否定しているのも同然だ。**

日米英独などバブル崩壊後のデフレ局面を迎えている国々の政府は、国内で過剰となっ

ている貯蓄を国債発行で借り入れ、所得が生まれるように支出することで自国経済を救える。そして、これらの経済規模が大きい国々が自力で所得拡大路線に戻れば、世界経済が救われる。

逆に、主要国が内需に見切りをつけ、

「これからは外需で成長するしかない！　通貨安政策だ！　輸出ドライブだ！」

という国を挙げてのグローバリズムに偏重した政策を始めると、諸国間の摩擦が高まっていき、その先は戦争に突き進まざるをえない。

歴史的に、バブル崩壊後の「所得の奪い合い」が起きるときほど危険な局面はない。ただでさえデフレ期には各国国民の所得が下がり、民主主義が危機に陥っている。各国の政府は民主主義を通して国民から批判を突きつけられ、敵を「外」に求めがちになる。

1929年の世界大恐慌後に第二次世界大戦が勃発したのは、決して偶然ではないのだ。

1万円札は日本銀行による1万円分の債務

これまで見てきた通り、人間が生きていくうえで所得は決定的な価値を持つ。人間のあらゆる活動において、所得を稼ぐ能力こそがその人の人生を最も大きく左右してしまうのだ。なにしろ、所得を稼ぐ能力が高い人は、他の人と比べて相対的に「飢えない」。

あるいは、**生活水準のすべては所得に依存するとも断言できる**。

「いや、生活水準は資産額、すなわちストックに依存するのでは？」

と思われた読者が少なくないかもしれない。

だが、ここで言う資産とは、具体的には何を意味するのだろうか。土地だろうか？　あるいは銀行預金か？　現金紙幣か？　株式などの証券か？　さらに言えば、自宅のマンションや工場などの建造物だろうか？

土地とは、日本の国土に初めから備えつけられている「国富（国の富）」の一部である（詳しくは拙著『デフレ時代の富国論』［ビジネス社］参照）。たしかに土地は定義上からも「富」なのだが、読者ははたして「土地を食べる」ことができるのだろうか。

もちろん、土地から生み出された農産物を食べることは可能だが、土地そのものを食べることはできない。土地という「富」を単に持っているだけでは、確実に飢え死にだ。

読者が「国富」である土地の上で働き、農産物を収穫し、それを自ら消費するなり、他者に販売したとき、読者は「所得」を得る。

読者を飢え死にから救ったのは、あくまで土地の上における労働が生み出した生産物（農産物）、もしくは生産により生成された所得なのである。

別に、土地という資産そのものが、読者を救ってくれたわけではない。

あるいは、銀行に預けられた預金は、読者を飢えから守ってくれるだろうか。通帳の預金残高は、読者から銀行が「借りている」お金の金額を示しているにすぎない。銀行が倒産した場合、読者は口座の「数字」分のお金を返済してもらえなくなる可能性がある。

現在の日本の場合、ペイオフにより1000万円＋利息は預金保険機構によって返してもらえる。とはいえ、それ以上の金額は「銀行の債務不履行」として損失を被るしかない。

いずれにせよ、銀行の通帳に記載された預金残高という数字を食べることはできない。

預金残高という金融資産が読者を飢えから救ってくれるのは、あくまで銀行が存続し、読者が必要とするお金を返済してくれる場合のみだ。さらに、さんざん解説した通り、**銀行預金とは読者が稼いだ所得から消費や投資に回らなかったお金である。もともとのお金の出所は、結局は所得なのである。**

銀行預金ではなく、より身近なお金である「現金紙幣」はどうだろうか。現金紙幣は、読者を「常に」飢えから救ってくれるだろうか。

日本円の現金紙幣とは、日本銀行券だ。つまり**1万円札などの現金紙幣は、それぞれ一枚一枚が「日本銀行の借用証書」そのものである。**

1万円の現金紙幣は、日本銀行が「1万円札の保有者に、1万円分の債務がある」ことを証明しているにすぎない。もっとも、日本銀行は別に1万円札という借用証書について、誰かに返済や利払いの義務を負っているわけではないが。

仮に、ある日突然日本政府がこの世から消滅し、日本銀行も存在しなくなると、読者の財布にある現金紙幣は、ただの紙切れにすぎなくなってしまう。

1万円の紙幣は、この世界に日本政府と「子会社」の日本銀行が存在し、国民総意に基づいて、

「1万円札は、1万円の価値を持つ」

ことを決定しているからこそ、1万円の価値を持つ。1万円札が1万円の価値を持ち続ける限り、読者は同額分の食料を購入することが可能になり、飢えを免れる。

たとえば、国民主権の日本国において、国民の選挙で選ばれた政治家たちが、「日銀を解体し、日本円の通貨をなくし、原始共産社会（物々交換による経済）に戻る」と国会で決議すれば、現金紙幣は単なる「紙くず」になってしまう。

その後の日本国民は、通貨、貨幣、紙幣を使わず、物々交換のみで経済を成り立たせなければならなくなるわけだ。

日銀の国債買い取りは通常業務の一環

自己陶酔型の政治家の一部に、以下のような発言をする人がいる。

「国の借金のツケを将来世代に先送りをしてはならない」

現在の「自国通貨建て負債」の返済を、他のすべての問題より優先させているわけだ。

この手の主張をする政治家は、国民経済についての基本を理解していないと断言できる。

なにしろ、**中央政府の自国通貨建て負債（国の借金）など、金額が1000兆円だろうが1京円だろうが、インフレ率さえ無視すればまたたく間に解決できる。**

現在の日本政府の国債発行残高はおよそ755兆円（2011年末時点）。

この全額を返済しさえすれば、日本は未来永劫にわたって安泰だというのであれば、過去に発行した日本国債をすべて日本銀行に買い取らせてしまえばいい（銀行などの日本国債を保有している金融機関に対し、「保有するすべての日本国債を日本銀行に売却しなければならない」とする法律を通す必要はあるが）。

もっとも、755兆円の国債発行残高のうち、67・6兆円はすでに日本銀行が保有しているため、実際の買い取り額は687・4兆円になる。

なぜ日本銀行が過去に日本国債を購入したかといえば、そもそも通貨発行の仕組みがそうなっているためだ。日本銀行は、新たに発行した日本円の通貨を「国民にバラまく」わけではない。市中銀行などから国債（政府短期証券含む）を買い取る際に、代金として新たに日本円の通貨を発行するのだ。

世の中には面白い人がいるもので、

「日本銀行の国債買い取りは、まかりならん！　インフレにするなど悪魔の政策だ！」

などと主張する政治家もいる。だが**「国債を買い取るな」とは、日銀に仕事をするなと言っているのも同じだ**。この手の極論を口にする人は、国家の仕組み、通貨の仕組みについてまったく理解していないのだろう。政治家の資格がないとしか表現しようがない。

政府の負債をわざわざ減らす必要はない

先ほどの、

「国の借金のツケを将来世代に先送りをしてはならない」

に話を戻すが、自国通貨建てで国内から借りている負債について、「将来世代にツケを残すな！」という主張にしたがって政府がせっせと返済に励んだとする。借金返済は経済学的には「貯蓄」に分類される。すなわち、銀行預金などと同様に消費でも投資でもない。

現在の日本政府が、ひたすら借金返済という貯蓄に励んだ場合、以下の問題が発生する。

（1）政府が所得（税収）を消費や投資に使わないことになり、フロー面において国内の所得不足（デフレ）が深刻化する

（2）社会資本整備に政府がお金を投じないことで、ストック面において国内の産業基盤、生活基盤が毀損していく

現在の日本が本当に「政府の負債削減」のみにひた走った場合、国民の所得がこれまで以上に減る。すなわち、国民が貧乏になるのだ。

さらに、道路、鉄道、港湾、トンネル、橋梁、上水道、下水道、電力網、ガス、治安、防衛、教育などにお金が使われないことになる。すると我が国はインフラがボロボロになり、犯罪率が高くなり、常に他国による侵略の危機にさらされ、国内で事業活動が不可能な状況に至るだろう。もちろん、事業活動とは、所得を稼ぐ活動に他ならない。

道路網が破壊されると、物資の流通も人間の行き来も不可能になる。道路が通じていても、橋が落ちており、あるいはトンネルが崩壊し、川の向こう側、山の向こう側に行けない。国土は事実上、分断されてしまう。電力網も崩壊し、工場を稼働させることすらできない。それ以前に、上下水道網も利用不可能になり、所得を稼ぐ以前に普通に日常生活を送ることさえできない。

都市部の治安が崩壊すれば、犯罪も横行する。子供たちにまともな教育を受けさせることすらできない。尖閣諸島沖どころか、沖縄周辺においてまで中国の艦船が我が物顔に行き交っているが、日本政府には手の打ちようがない。

なにしろ、すでに日本は国民がまともに所得を稼ぐことができなくなっており、税収も激減している。**税収がなければ、安全保障に備えることすらできないのだ。**

「国の借金のツケを将来世代に先送りをしてはならない」という主張の先には、グローバリズムの荒波に翻弄され、国富を失った国の姿が見えてくるのだ。

国債購入によって成り立っている現在の銀行

このように、中央銀行に債券（国債）を買いとらせれば話がすんでしまう自国通貨建ての「国の借金」を問題視し、

「将来世代へのツケの先送りは断固、許さない！」

などと政府の負債残高を減らしていくと、日本国民が貧しくなる（所得減少）うえに、将来の国民も地獄を見る羽目になる。自国通貨建ての負債を政府のバランスシートの貸方で増やしていくのと、所得減少とインフラ崩壊を引き起こす借金返済とでは、はたしてどちらが「将来世代にツケを残す」行為だといえるだろうか。

また、**現在の深刻なデフレが続いている以上、政府の借金返済は銀行にとっても迷惑な**

話だ。なにしろ、銀行は政府にお金を貸し付ける（国債を購入する）ことで、自らの所得を稼いでいる。

銀行のビジネスモデルは、国民や企業からお金を借り入れ、より高い金利を支払ってくれる経済主体に貸し付けることだ。貸付先から受け取った金利と、借入先に支払った金利の差額が「銀行の所得」になる。

「売上（貸付先からの金利）－売上原価（借入先［預金者］への金利）＝粗利益（銀行の当初所得）」

すなわち、銀行にとっては預金金利をできるだけ低く抑え、貸付金利を高くすることが、所得拡大への道となる。とはいえ、預金金利にはもちろん「市場競争」というものがある。あまりにも低い金利では、預金者側がより金利が高い銀行にお金を預け替えることを選択してしまい、預金を集められない（もっとも、デフレが深刻化した現代の日本では、すべての銀行の金利があまりにも安すぎ、金利競争がないも同然になっているが……）。

また、企業などに貸し付ける側の金利にしても、それこそあまりに高い金利では借り手が他の銀行に流れてしまう。もちろん、金利は貸し付けのリスク度合いによって変動すべきではあるが、やはりそこには市場競争がある。

銀行融資を受ける企業などは、リスクを考慮したうえで、最も安い金利を提示した銀行からお金を借りることになるだろう。

貸出金利の競争に敗れ、誰も借り手がいなくなってしまった銀行は、どれほど巨額の預金を集めていたとしても倒産する。なにしろ、読者が銀行にお金を1万円預けたとき、「銀行の売上が1万円増える」という話ではない。銀行の所得とは、あくまでお金を貸し付けたことによる報酬（金利）なのである。

つまり銀行とは、

「お金を預金という形で借り入れ、別の貸出先に貸し付ける金融サービス」

により所得を稼ぐ企業体なのだ。

結局デフレでは経済が回っていかない

バブル崩壊後、特に1998年以降の日本では、民間企業がお金を借りるどころか「返済」を始めた。さらに、不動産バブル崩壊が地価の劇的な低下を招き、中小企業の担保力が著しく損なわれてしまった。結果的に、銀行側は不良債権化を極端に恐れるようになり、中小企業への資金供給が細っていった。

一方で大手の優良企業は、金を借りるどころか返済してくる。**現在の日本は、二重の意味で銀行が貸出先不足に陥っているわけだ。**だからこそ銀行は、財務省が以下のように償還を100%保証してくれる日本国債の購入に走り、結果的に日本の長期金利（新規発行十年物国債金利）は0・75%という異常な低金利状態に陥っているわけだ。

【問】日本が財政破綻した場合、国債はどうなりますか
【答】国債は政府が責任を持って償還いたしますので、ご安心ください。

（財務省のホームページより）

こんな状況で、日本政府が、
「将来世代へのツケの先送りを避けるため、国債を発行しない。むしろ、国債を償還（返済）する」

などとやったら、銀行側はどうなるか。

たとえば、政府が所得（税収）から10兆円分を借金返済に回したとする。この場合、銀行側は政府から返済された10兆円について、新たな貸付先を見つけなければならない。デフレで大手企業の資金需要が乏しく、中小零細企業は貸し倒れが怖いというなら、結局銀行は政府から返済された10兆円で再び国債を購入するしかない。不毛である。

「国内に借り手がいないなら、外国に貸せばいいじゃないか」

などと思われた読者がいるかもしれない。残念ながら、銀行に集まる預金や政府から返済されたお金は「日本円」だ。日本円は、基本的に日本国内でしか流通しない。

銀行が手元で余剰となった日本円を海外に貸し付けようとする場合、必ず「外貨への両替」行為が発生する。

次ページの図の通り、政府が銀行Aに10兆円を返済したとしよう。銀行Aは銀行Bに10兆円をドルに両替してもらい、1000億ドルを手に入れた。銀行Aは1000億ドルを外国に貸し付けるわけだが、このとき両替された10兆円はこの世から消えたわけではない。もちろん、ドルへの両替に応じた銀行Bの手元に残っている。

銀行Bは、両替で入手した10兆円をどうするだろうか。手元で10兆円を保管しているだ

両替されても日本円は消えない

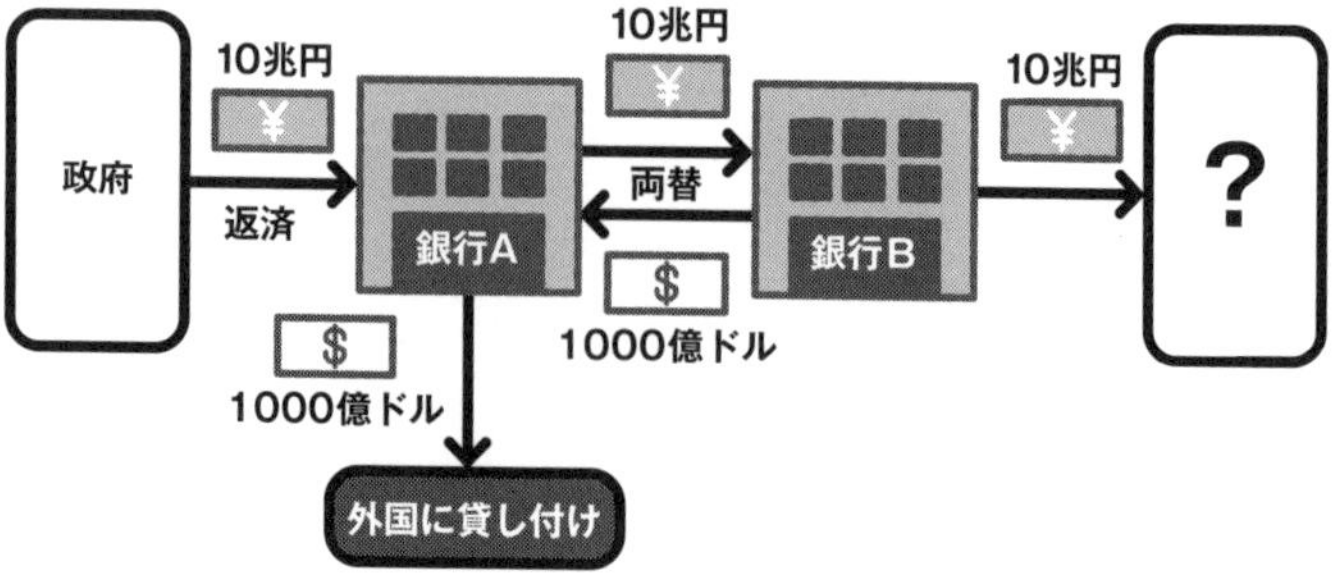

※便宜的に１ドル＝100円とする

けでは、銀行Bは金利を1円も稼げない。すなわち、所得を得ることができない。

もちろん、日本がデフレから脱却し、景気が好転していれば大手の民間企業に貸し付ければいい。あるいは、地価が上昇に転じていたら、中小企業に貸し付けるリスクをとることもできる。しかし、相も変わらず日本経済がデフレで沈滞していた場合、銀行Bが手元の10兆円を民間に貸し付けることは著しく困難である。結局、銀行Bは10兆円で国債を購入するしかない。このような状況にもかかわらず、

「政府は国の借金を即座に返済しろ！」

などと主張する「経済」評論家が存在するのは信じられない。資本主義経済における銀行の役割を理解していれば、このような発言はありえないことがわかるだろう。現在の日本で政府が国債を大量に償還（返

済）したところで、銀行側が迷惑を被るだけだ。

現在の長期金利は国債増発を求める市場からのサイン

結局のところ、**中央政府の自国通貨建てによる「国の借金」など、国民が所得を稼ぐための潤滑油のような存在でしかない。**つまりエンジン・オイルだ。

エンジン・オイルの適量は、自動車のエンジンが正常に動作するかどうかで決定される。「100mlのオイル量が適量だ」「いや1000ml必要だ」などと、絶対量で議論をしてもまったく意味がない。

オイルの量がどのくらいだろうが、エンジンがオイル不足で正常に動作しないなら「不足」だ。あるいは逆に10mlでも、エンジンからポタポタとオイルが垂れている状況なら「過剰」なのだ。

中央政府の自国通貨建て国債の発行額も、国民経済において、「物価が継続的に下落するデフレ状況が続いている」のなら「不足」で、逆に、

「物価が健全な範囲を超えて上昇するインフレ状況に突入している」のなら「過剰」という話だ。

デフレ、インフレの判断は、物価上昇率だけでなく、長期金利でもある程度は判断できる（最終的には物価だが）。**長期金利が1％を切っている日本のような国は明らかにデフレ状態にあり、中央政府の自国通貨建て国債の発行額が「不足」している。**

現在の日本政府は早急に国債を増発し、国民の所得、雇用が生まれるようお金を使わなければならない。

ちなみに、長い人類の歴史で、政府が10年満期でお金を借りようとしたときの年利（すなわち長期金利）が1％を下回ったのは、日本が史上初めてだ。

その後、2009年にスイスの長期金利も1％を切り、さらにドイツやアメリカがそれに続く気配を見せている。現時点で長期金利が2％を切っている国々は、早急に政府が国債を増発し、国民所得拡大のために使わなければならない。

この長期金利の利率は、国債の「市場」が、

「より多額の国債を発行してほしい」

と求めているサインなのだから。

日本円と日本国債の違いは実質的にほとんどない

自国通貨建て国債が中央政府の負債であるのに対し、現金紙幣などの通貨は中央銀行の負債になる。実のところ、**自国通貨建て国債と通貨の違いは、「民間が債権者の場合に返済や利払いの義務があるか、ないか」ということでしかない。**

国債の債権者が銀行などの民間だった場合、政府にはもちろん返済と利払いの義務がある。だが、国債を中央銀行に買い取らせてしまえば、政府は返済および利払いの義務から解放される。政府の子会社である中央銀行との貸し借り、利払いは、連結決算時に相殺されてしまうためだ。

そして、中央銀行が国債を買い取る際に発行した通貨は、たしかにバランスシートの貸方に負債計上されるものの、返済する相手も利払いの相手も存在しない。自国通貨建て国債が中央銀行に買い取られた瞬間に、それまでは存在していた「返済負担」と「利払い負担」が、この世から消滅してしまうのだ。

そういう意味で、自国通貨建て国債と通貨の違いは、「一時的に返済や利払いの義務があるか、ないか」にすぎないという話になる（もちろん、中央銀行が過度に通貨を発行し、国債を買い取っていくと、インフレ率が健全な範囲を超えて上昇してしまう）。


もっとも、日本円という通貨にしても、神様が読者に与えてくれた「永遠の富」あるいは「永遠の財産」というわけではない。

たとえば日本国内が内戦や革命、あるいは対外戦争の敗北、外国による占領などが理由でモノやサービスの供給能力が極端に落ち込んでインフレ率が急騰すると、現金や預金などのお金は、

「日を追うごとに、価値が激減していく財産」

に姿を転じてしまう。

現金や預金が一定の価値がある財産に「見える」のは、その時点で国家や社会に住む

人々が「価値がある」と合意しているためなのだ。

現金紙幣や銀行の通帳口座の数字は、食べることができない。

そう考えると、経済における「お金」と「モノ・サービス」の優先順位が見えてくるはずだ。要は、どちらがより重要かという話だが、もちろん「モノ・サービス」の方が圧倒的に重要である。人間が生きていくために必要なのは「モノ・サービス」であり、「お金」ではない。別に清貧の思想を説いているわけではなく、

「人間が生きていくために必要なのは何か？」

という根源的な話をしているのだ。


無論、お金も経済にとって重要な潤滑油ではある。とはいえ、**お金の役割は、あくまで国民間で「モノ・サービス」の流通を活発化させることであり、「お金の量」そのものに意味があるのではない。**なにしろ、誰かのお金（金融資産）は、必ず誰かの金融負債になる。誰の借金にもならないように誰かの資産を増やす方法など、この世界には存在しない。

特に、中央銀行のバランスシートの負債を増やす形でお金を発行できる政府にとって、負債残高の問題はさらに優先順位が落ちる（言うまでもないが、自国通貨建ての負債のみ

である)。

独自通貨国が政府の負債(財務省の言う「国の借金」)について考えたとき、最終的に重要なのはインフレ率のみであり、残高でも、残高対GDP比率でもないのだ。

政府が優先すべきは「自国通貨建て借金の返済」ではない

それに対し、政府が国民経済の生産力や所得を高めるよう目配りすることは、「国の借金」とやらと比べてはるかに重要な問題だ。

「家計・企業・政府」といった国内の買い手の需要(消費・投資)を満たすことができるように、「国民の労働」による「生産」力を維持すること。少なくとも経済分野において、政府にこれを上回る重要事項は存在しない。

前段の説明を読んでなお、

「国民経済の生産力向上は、『国の借金』よりも無限大に重要な問題」

という筆者の主張に納得がいかない方は、ぜひとも「経済的に理想の世界」について考えてみてほしい。

経済的に理想の世界とは、お金が存在しないにもかかわらず、国民がほしいモノやサービスを「必ず」「その瞬間に」「選択的に」手に入れることができる世界だ。

ある日あるとき、読者が突然、

「自動車がほしいなあ」

と考えたとしよう。コンピューターの画面に複数の自動車の選択肢が示される。読者は画面に示された候補の中から、デザインや性能に基づき、好きな自動車を選択すればいい。翌日、必ず納車される。

好みの自動車が納車された。ガソリンは満タンだ。道路は先ほど舗装が終わったばかりのごとく、滑らかに輝いている。読者は自動車でドライブし、お気に入りのイタリア料理を食べに行く。イタリア料理店で席に着くと、すぐさまメニューが渡され、読者は好みの料理を注文する。さほど待つこともなく、読者は極めて美味しいイカ墨のパスタに舌鼓を打っている。

「自動車がほしい」から「イカ墨のパスタを食べる」まで、読者は1円のお金も支払っていない。このような、

「ほしいものを必ず、その瞬間に、選択的に手に入れられる」

という環境が永遠に続くと保証された場合、この世にお金は必要ない。

現実の世界では、モノやサービスは誰かが生産しなければ生み出されない。この例で言えば、誰かが自動車を生産し、中東やロシアから原油を買いつけ、ガソリンに精製し、道路を舗装し、イタリア料理をつくらなければならない。すなわち、絶対に誰かの労働が必要になる。そして、誰かが働くには理由が必要だ。

モノ・サービスは、人々の「所得を稼ぐための労働」により支えられている。働く理由の一つは、もちろん所得を稼ぐことだ。グローバルに行き交うマネーについて考えるとき、多く人がこの当たり前のことを軽んじてしまう。

「お金そのもの」に価値はない

労働の理由は所得を稼ぐことだけではない。人は働くことにより他者、社会と関わり、自らの存在意義を確認し、自己実現を図っていく。自らの過去の労働、経験によって身につけられたスキルやノウハウなどは、ある種の誇りであり、生きる理由でもあるわけだ。

とはいえ、究極的に人が働く理由は、消費や投資に使う「所得」を稼ぐためだ。人間は所得を稼がなければ食料や水を手に入れることができず、餓死してしまう。

人が所得を稼ごうとすることでモノやサービスが生み出され、他者の需要を満たす。国民経済にとって重要なのは上記の所得生成のプロセスであって、お金そのものではない。最悪、各人が働いて生産したモノやサービスを「交換」することで、お金が存在しない社会でも経済は成り立つ。太古の昔、物々交換を基本とした、原始共産社会がまさにそうだった（と考えられている）。

もっとも、お金を媒体あるいは「交換手段」として使わなければ、モノやサービスの需給のミスマッチが生じ、非常に面倒なことになる。特に、サービスは基本的に蓄積できないため、

「サービス同士の交換」

といったことは理屈上できない。

「彼が提供してくれたお掃除サービスと、自らが生産した衣服を交換する」

ということは可能だが、

「彼が提供してくれた散髪サービスと、自らが提供するベビーシッターサービスを『その時点』で交換する」

ということはできないのだ。

またモノの場合でも、自分が生産した製品が他者の需要を「その時点で」満たすことができない場合、交換が成り立たなくなってしまう。自ら生産した素晴らしい衣装と相手の食料を交換しようとしても、相手方に「衣服の需要」がなければ交換は成り立たない。交換が成り立たない場合、最終的に自分は食料をえることができず、飢える。

というわけで、各製品やサービスの「価値」を蓄積し、需要が発生している時点で交換を成り立たせるためにこそ「お金」という仕組みがあり、貨幣経済が進化したのだ。極端な話、現金紙幣の代わりにクーポン券を使っても、十分に貨幣経済は成り立つ。

現金紙幣にせよ銀行預金にせよ、理屈は同じだ。**お金とは各人の労働で生み出されたモノやサービスの交換をスムーズにし、所得を稼ぐことを容易にするために必要なツール（道具）なのである。**

「まずは、所得ありき。次に、お金あり」が正しいのだ。

工場の海外移転は「雇用」と「所得」の流出になる

グローバル化が進んだ世界では、お金つまり「資本」が大きく移動する。資本の移動とは、国際収支の統計上、大きく二つに分けられる。直接投資と証券投資（間接投資）だ。いずれの投資にしても、国境を越えて「所得」や「雇用」が移ってしまうことに変わりはない。すなわち、**日本から海外への直接投資、証券投資は、我が国の雇用や所得に負の影響を与えるのだ。**

直接投資とは、企業などが外国に工場や店舗といった固定資産を保有し、同地で生産活動に従事することを意味する。それに対し、証券投資とは外国企業の株式購入、株式投資である。株式を保有するとは、その企業のオーナーになるということだ。読者が証券投資によって外国企業の株式を購入すると、その企業の所有権の一部を入手したことになり、毎年配当金を支払ってもらえる。

日本の企業はどちらかといえば、証券投資より直接投資を得意としている。逆に金融がメインとなる証券投資は、「日本の金融企業が買い始めたら、売り」と皮肉られるほど、下手を打っているケースが少なくない。

もともと、ほぼ単一言語・単一民族で、コツコツと技術やノウハウを積み重ねる製造業を得意とする日本人が、海千山千の詐欺師もどきが横行するグローバル金融の世界において、欧米人たちと五分に渡り合うことなど無理なのだ。

もっとも、**直接投資だろうが証券投資だろうが、日本国内の雇用とはほとんど無関係であること**に変わりはない。

たとえば、トヨタ自動車がアメリカに巨大な自動車工場を建設したとしよう（実際にしている）。結果的に生まれるのは「アメリカの雇用」であり、「アメリカの所得」だ。なにしろ、GDPとは「国内」総生産であるため、たとえ代表的な日本企業であるトヨタ自動車が工場建設という直接投資を行ったとしても、アメリカ国内の生産として統計される。

アメリカ国内で自動車が現地生産されるため、生まれるのは「アメリカ国民の雇用」であり、「日本国民の雇用」ではない。当然、同地の工場が稼ぎ出した所得（粗利益）が給与所得として分配されるのは、アメリカ国内の従業員に対してである。

もっとも、トヨタのアメリカ工場が稼いだ最終所得（純利益）の一部あるいは大部分は、親会社である日本のトヨタ自動車に「配当金」として支払われる。アメリカ工場から日本の親会社への配当金支払いは、我が国にとって「所得収支の黒字」となり、経常収支黒字の押し上げ要因となる。

所得収支の黒字要因としては、配当金の他にも融資から得られる金利収入がある。配当金にせよ金利収入にせよ、所得収支の黒字は、

「外国で『誰か』が稼いだ所得の分配を日本人が受けている」

という意味合いを持つわけだ。

所得収支の黒字はあてにできるか

ＧＤＰに前出の所得収支（および経常移転収支）を換算したものを、国民総所得（ＧＮＩ）と呼ぶ。日本は世界最大の対外純資産国であり、外国からの配当金や金利の流入が巨額化している。当然、日本はＧＮＩが常にＧＤＰを上回っているわけだ。

とはいえ、日本のＧＮＩとＧＤＰの差は最大でも17兆円（２００７年）程度でしかない。

日本の国内総生産（GDP）と国民総所得（GNI）の推移

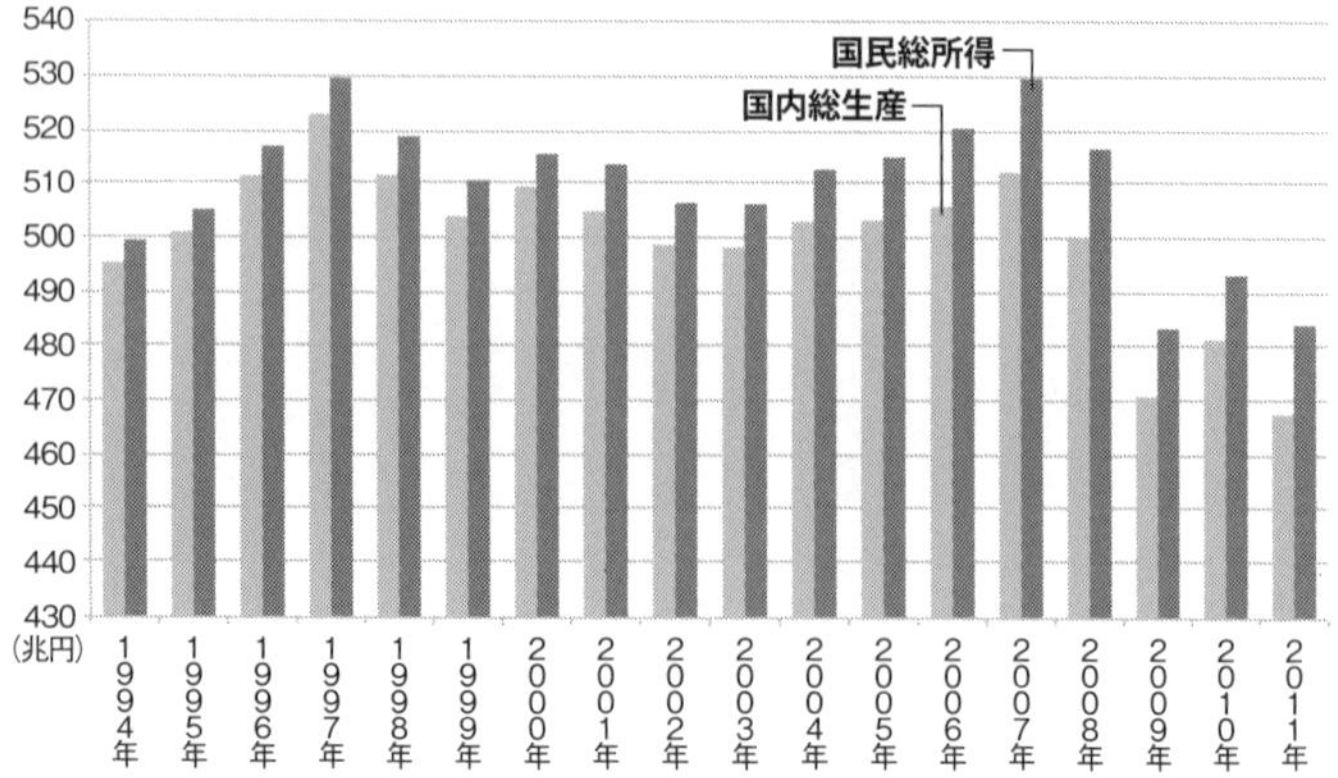

出典：内閣府「国民経済計算」

我が国の政治家の中には、

「これからの日本はＧＤＰではなく、ＧＮＩの成長を中心に」

と主張する人が少なくない。筆者は別にＧＮＩの拡大に異を唱えたいわけではないが、我が国の「ＧＮＩ－ＧＤＰ」の差額（国際収支上の所得収支と経常移転収支を合計したもの）は、ＧＤＰの３％程度でしかないわけだ。

現在の世界経済の環境からは不可能に近いが、**奇跡的に日本が所得収支の黒字を二倍にしたとしても、国民の所得がＧＤＰ比で３％程度増えるにすぎない。**

しかも、貿易やサービスの輸出入が「モノ」や「サービス」と引き換えに外国の所得を頂戴するのに対し、所得収支の黒字は「投資」「融資」に対する報酬だ。すなわち、日本国にとっては不労所得になる。

日本企業が資本の力で外国企業を支配下に置き、従業員を働かせ、配当金を本国に持ち帰る。それも資本主義の一部というならその通りだが、投資にせよ融資にせよ、両国間の「信用」に基づいて成り立っているのだ。信用が崩れたとき、はたしてどうなるか。

また、そもそも**日本企業が対外直接投資を拡大するということは、国内から雇用が流出したということを意味している。自国に工場を建設する代わりに、外国に建てたのである。**企業が対外直接投資ではなく国内における工場建設という選択をしてくれていたら、日本国民の雇用が拡大したはずなのだ。

筆者は、企業の役割とは「グローバル市場で勝つ」ことなどではなく、国民所得の向上に貢献することであると考えている。

グローバル化に対して懐疑的になり始めた先進国

現実の日本経済は、特に２００２年以降が顕著なのだが、財（モノ）の輸出総額と対外直接投資が増えていくなか、平均給与が下がり続けている。2002年から2007年にかけての世界同時好況期、日本の輸出総額はほとんど倍増した。それにもかかわらず、平均給与は下落し続けた。さらに同じ期間、日本の対外直接投資は着々と増え続け、現在も高止まりを続けている。

もちろん、日本の平均給与が下落を続けている最大の理由は「デフレ」だが、**日本企業の輸出拡大や投資が、国民の雇用や所得に結びついていないこともまた確かだ。特に、日本企業の対外直接投資は、2001年当時と比較して2倍以上に拡大している。**この投資が日本国内で行われていたら……などと考えてしまうわけである。

日本でも資本移動の自由が大幅に認められた結果、国民と企業の利益が乖離してしまった。同じ現象はグローバル化がより進展している欧米諸国などでより顕著なのだが、日本にしても例外ではないのだ。

特に、日本国内は長期のデフレで国民の所得が低下し、購買力が小さくなっている。食料品とエネルギー価格を除いたコアコアCPI（消費者物価指数）ベースの物価も下落を続けているため、企業が国内に投資をしても儲からない。こうした環境で国民の購買力が

日本の輸出総額と対外直接投資、平均給与

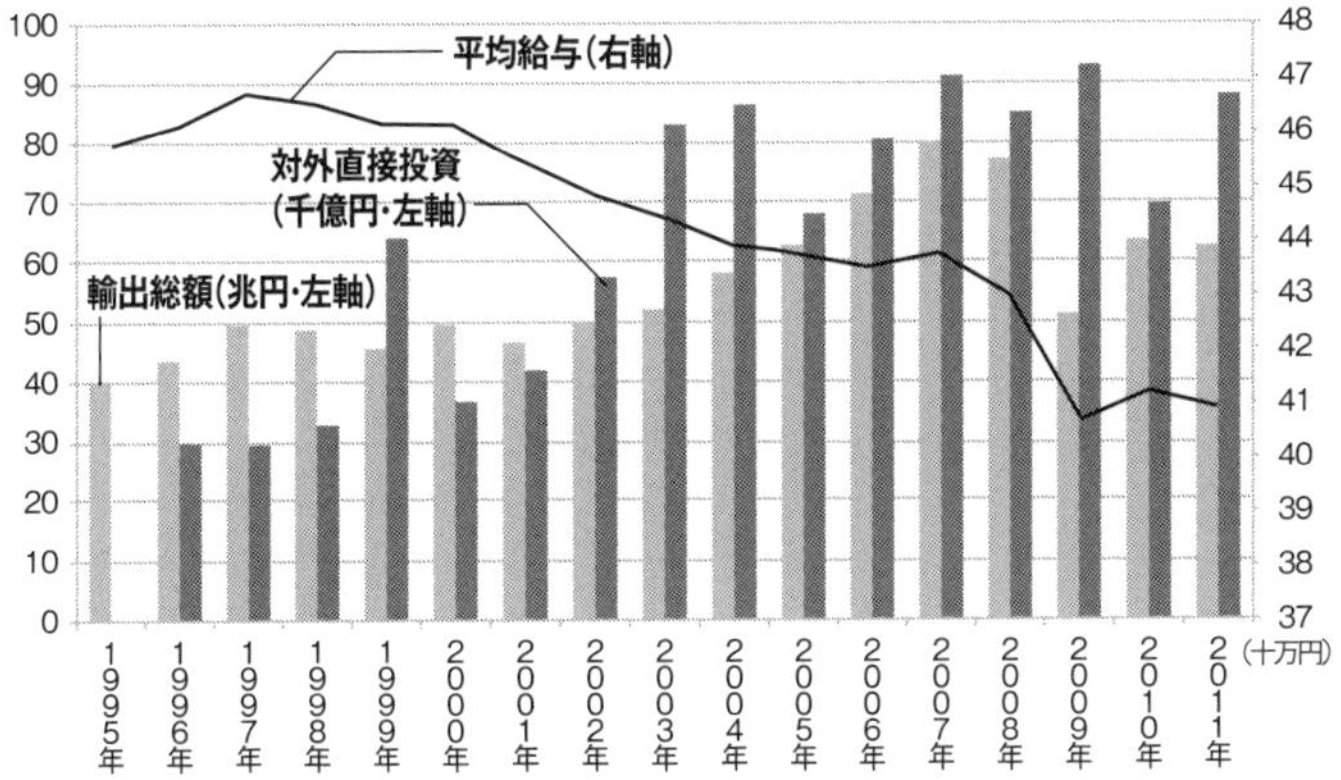

出典：財務省（輸出総額、対外直接投資）、国税庁（平均給与）

下がり、国内に投資をしても儲からない以上、企業が、

「もはや日本の国内市場はダメだ。これからはグローバルだ。輸出を伸ばし、対外直接投資（外国への工場移転）で生き残りを図ろう」

と考えたとしても不思議ではないわけだ。

しかし、日本企業がグローバルで勝ち残ろうとする場合、日本国内の人件費を引き下げざるをえない。グローバル市場において、日本企業は国民所得が数分の一の新興経済諸国の企業と競合しなければならないためだ。

日本企業が「これからはグローバルだ」と世界に打って出ると、国内の平均給与下落に拍車がかかってしまう。平均給与が下落すると、当たり前の話として国民の購買力はさらに縮小し、消費、投資の減少によりデフレが深刻化する。デフレが深刻化すると、企業が国内で投資する気がますます失せ、雇用が改善しないままの状況が続く。

しかも、デフレとは通貨価値の上昇を意味する。国内では「物価下落」という現象が発生するが、外貨に対しては「為替レートの上昇」、つまり円高になる。

企業が国内の購買力低下、市場の縮小、そして「円高」を嫌って外国に資本を移すと、デフレが深刻化する。さらに円高が進んでしまうわけだ。

この悪循環は、少なくとも日本政府がまともなデフレ対策を打ち、健全なインフレ率を達成しない限り、終わりを迎えることはない。さらに、首尾よくデフレを脱却したとしても、企業が相変わらず、

「これからはグローバルだ！」

と海外市場ばかりに目を向けていると、日本は再度デフレの泥沼に引きずり込まれる可能性がある。少なくとも、デフレ脱却の足を引っ張られることは確実だ。

現在、日本のみならず、欧米主要国の多くでグローバリズム、特に資本移動の自由に関

する見直し議論が発生している。理由は日本と同じく、企業と国民の利益が乖離してしまっている現実に対する反省だ。

フランスは反グローバリズムを唱えるオランド大統領が勝ち、ギリシャの有権者は反緊縮財政を訴え、反グローバリズム的な態度を示している。そして、オバマ大統領が再選されたアメリカは内向きの姿勢を見せ、日本、ドイツでも国民が選択を迫られることとなるだろう。

おわりに

豊葦原瑞穂国

ここまで、現在の我が国を取り巻く状況について書いてきたが、筆者は基本的には、日本の未来は明るいと考えている。

理由のひとつは、諸外国に比べて高い日本国民の勤労意欲にある。その背景には、我が国が世界屈指の震災大国、自然災害大国であり、国民が真面目に働いて国土の整備をしていかなければ、国民が生き抜けなかったことがあるのだろう。

日本国は、「コンクリートから人へ」などという世迷言を真に受けて、国土整備をおろそかにできるほど甘い国ではない。

とにかく地道に、かつ緻密に働き、自然災害への対処をしていかなければ、たった一度の災害で何千名、何万名という人々が生命を失ってしまうのが日本列島なのだ。当然ながら、他国民と比べて「生産」のために努力を費やす意志は強いだろう。

日本はまた、古《いにしえ》より「豊葦原瑞穂国《とよあしはらみずほのくに》」と呼ばれていた（古事記）。日本列島に居住する人々、つまり我々の先祖の歴史は、気が遠くなるほど長い。たとえば、初代天皇である神武天皇（盤余彦命《いわれひこのみこと》）が東征に旅立ったとされる日向の地（現在の宮崎県と鹿児島県北部）からは、二万四千年前の遺物（ビーナス像など）が発見されている（耳取遺跡）。

瑞穂の国とは、もちろん稲穂が豊かに実る国という意味である。

それでは「豊葦原」とは何だろうか。もちろん「豊かに葦が生い茂っている」という意味だが、葦が茂っていたら何だというのだろうか。

実は、日本の古代は「鉄の時代」でもあった。鉄、鍛鉄により武具や農作業器具をつくる技術について、日本（というより日本列島）は中国に先んじていたのだ。なにしろ、日本が鍛鉄の器具を用いていたころ、中国はいまだに鋳鉄の時代であった。

水辺の葦の根に水中の鉄分が付着し、次第に成長していきスズ（褐鉄鉱）になる。スズの内部の葦の根は腐食し、やがて朽ち果ててしまい、中が空洞になる。空洞の中に内部から鉄片が剥がれ落ち、まさに我々になじみ深い鈴のようになるわけだ。

葦が豊かに実る地域には、鉄がある。古代の日本人たちは葦原にタタラ場を築き、鉄の文化圏を創り上げてきた。

豊かな鉄と、稲穂の国。

鉄器にしても、コメにしても、人間の労働なしでは生み出されない。そして、基本的に外敵に襲われることがなかった古の日本人たちは、豊かな自然の中で稲作と鍛鉄による文化を築き上げたのである。

古から「供給能力」が高い日本

働けば、必ず実りを得ることができる。

自然災害や天候不順で所得や財産が失われることはあっても、少なくとも「外敵」に奪われることはない。他国より安心して日々の労働に励むことができる日本人は、「いかにすれば、同じ労力で（あるいは楽な労力で）より多くの生産が可能か？」ということに知力と労力を集中することが可能だった。これが大陸諸国の場合、「いかに生産するか」以前に、「いかに自らの財産を守ることができるか」「いかに財産をもって逃げることができるか」に知恵を絞らなければならなかったのである。

大陸諸国の人々が「金《きん》」が大好きなのは、いざとなれば金の延べ棒は「持って逃げる」

ことができるためだ。今でも、中国の古い家屋を壊すと、壁の奥からまとまった金が出てくることがあるという。

ある日、地平線の向こうから騎馬民族の大群衆が襲来し、あるいは水平線の彼方から海賊の大船団がやってくるような地域に住んでいる人と、少なくとも外敵の襲来を受けることはない、孤立した列島に住む人とでは、価値観が異なって当たり前だ。

日本人は「働けば、報いがある」という信念を持っており、結果的に、より多く生産するための地道な努力を得意としている。日本の製造業の生産性の高さは、他国の追随を許さない。

日本は、「国民の労働」によりモノやサービスが生産される量が、他国と比べて多くなりがちなのである。そういう意味で、日本は企業や労働による供給能力が、国民の需要（消費・投資）を常に満たしがちで、それゆえに逆に所得不足（デフレ）に陥りやすい国といえる。

「政府が正しいマクロ経済政策を実施しなければ、物価が上がりにくい」

という、一見なにが悪いのかわからない問題を抱えているのが、我らが日本なのである。

なにしろ、日本国は大東亜戦争（日中戦争、太平洋戦争）で国内を焼け野原にされ、供給能力が戦前の二割にまで落ち込んでしまった1946年でも、全国のインフレ率は400%台だった。年率で400%超という物価上昇率は高いように思えるが、あの状況でこの数値は驚異的に低い。普通の国なら、それこそハイパーインフレ（インフレ率が年1万3000%以上）になっていただろう。

日本はもともと、国内でモノを生産しサービスを供給するための「供給能力」の蓄積が容易な国だったのだ。大陸と隔絶された島国で、異民族の支配を受けたことがない影響は極めて大きい。

「経済成長」の意味を問い直そう

また、日本国はアジアモンスーン地域に存在し、太古の昔から稲を生産してきたため「瑞穂の国」とも呼ばれているわけだ。過去の日本人たちは灌漑事業、土木事業などを繰り返し、国土の「水」と「土」に向き合ってきた。生産高を安定的に得られるよう、自然災害による死者を減らせるよう、国土に対してたゆまぬ働きかけを続けてきたわけだ。

結果的に、日本国は世界屈指の生産能力（国民の需要を満たすという意味において）を獲得し、明治維新後に世界を驚愕させるスピードで近代化を達成した。さらに、大東亜戦争の敗北の痛手からも立ち直り、世界第二位の経済大国に成長することができた。

現在、日本は我が国固有の領土である尖閣諸島を巡り、中国との軋轢が増えている。尖閣諸島に限らず、自国領土を守るには軍事力が必要だ。軍事力を維持拡大するには経済成長を達成し、国民の所得と税収を増やし、軍備増強にお金を使っていくしかない。

また、２０１１年3月11日に東日本大震災が起こった結果、首都直下型地震や南海トラフ巨大地震（東海、東南海、南海地震の連動）が発生する確率が間違いなく高まった。こうした「国難」とも呼ぶべき大地震に備えるためにも、あるいは震災発生後すみやかに復旧、復興を実現するためにも、政府や民間がお金を使うしかない。そして、そのお金は国民の所得からしか出てこない。

社会保障も同じだ。田中角栄は自著の『日本列島改造論』において、次のような名文を残した。

福祉は天から降ってこない。

一部の人びとは「高度成長は不必要だ」「産業の発展はもうごめんだ」とか「これからは福祉の充実をはかるべきだ」と主張している。しかし「成長か福祉か」「産業か国民生活か」という二者択一式の考え方は誤りである。福祉は天から降ってくるものではなく、外国から与えられるものでもない。日本人自身が自らバイタリティーをもって経済を発展させ、その経済力によって築き上げるほかに必要な資金の出所はないのである。

まさしくその通りだ。日本国民自らが経済を発展させ、所得を増やしていかない限り、社会保障を充実させるお金はどこからも出てこない。

未来を明るく照らすには、経済成長するしかない。

国民の所得を増やすしかないのだ。

現実に給与や利益が増えていない以上、日本国民が所得の意味や意義を忘れてしまったのも無理はないかもしれない。だからこそ、日本国民は早急に「所得」について思い出す必要がある。さもなければ、日本経済のマイナス成長が続き、国内のインフラや治安が崩壊状態に陥り、外敵から常に侵略され、国民が戦争や自然災害で次々に命を失っていく「貧乏国」を、我々は将来世代に残すことになりかねない。

本書前半でギリシャについて取りあげたのは、実際に彼の国がかつて「そういう国」だったためである。

近年のギリシャは、以前の貧困からは脱しつつあった。だが極めて残念なことに、ユーロの呪縛により、ギリシャはまたもや貧困に後戻りしようとしている。皮肉なことに、ギリシャはユーロ式グローバリズムに参加したことで貧困から立ち直り、ユーロ式グローバリズムによって貧困に陥ろうとしているのである。

現在の日本は、今のところギリシャとは条件がまったく異なる。我が国の前には、いまだに複数の選択肢が存在している。ならば、我々はどうすればいいのか。

それこそ日本国民一人一人が考えていかなければならない問題だが、そのためには知識が必要だ。

所得とは何なのか。

経済成長とは何を意味しているのか。

なぜ、日本国民の所得を増やし、経済成長を達成しなければならないのか。

読者はその答えをすでに知っているはずだ。次は、所得に関する知識を基に、今後の日本がどうするべきなのかについて、読者一人一人が考えてほしい。

まさにそのためにこそ、筆者は本書を書き上げたのである。

2012年11月　三橋貴明

著者紹介

三橋貴明
（Mitsuhashi Takaaki）
作家、経済評論家、中小企業診断士。1994年、東京都立大学（現首都大学東京）経済学部卒業。外資系IT企業ノーテルをはじめNEC、日本IBMなどを経て2008年に中小企業診断士として独立。経済指標など豊富なデータをもとに、経済を多面的に分析する。単行本執筆と同時に、雑誌への連載、寄稿、テレビへの出演、講演活動など多方面で活躍している。おもな著書に、『増税のウソ』（小社刊）、『図解 それでも、日本経済が世界最強という真実』（ワック）、『コレキヨの恋文』（小学館）などがある。

"脱《だつ》グローバル化《か》" が
日本経済《にほんけいざい》を大復活《だいふっかつ》させる

2012年12月25日　第1刷

著　者　三《みつ》橋《はし》貴《たか》明《あき》

発行者　小澤源太郎

責任編集　株式会社 プライム涌光
電話　編集部　03(3203)2850

発行所　株式会社 青春出版社
東京都新宿区若松町12番1号 〒162-0056
振替番号　00190-7-98602
電話　営業部　03(3207)1916

印　刷　中央精版印刷　　製　本　大口製本

万一、落丁、乱丁がありました節は、お取りかえします。
ISBN978-4-413-03868-3 C0033